나의 산티아고,
혼자이면서 함께 걷는 길

나의 산티아고,
혼자이면서 함께 걷는 길

김희경 지음

푸른숲

나의 동생, 김인배에게

프롤로그
두리번거리는 그대에게

"너 자신을 알라."

이 말이 한동안 내게는 저주와도 같았다. 나 자신을 알고 보니, 똑똑한 줄 알았는데 맹했고 예쁜 줄 알았는데 그저 그런 얼굴에, 젊은 줄 알았는데 늙었다. 이 얼마나 가혹한가, 나 자신을 아는 일은! 하지만 잃는 게 있으면 얻는 것도 있다고, 나 자신을 알게 되어 좋아진 점도 있다. 스스로 품성이 워낙 고고하여 사람을 별로 좋아하지 않는다고 오래 생각해왔으나, 긴 여행을 다녀온 뒤 알게 됐다. 내가 얼마나 사람들 속에 섞여 놀기 좋아하는지를. 돌이켜 보면 책보다 사람 공부를 통해 얻은 앎이 더 깊고 오래갔다. 어릴 때 닮고 싶었던, 자칭 '발견가' 말괄량이 삐삐는 고작 타조 깃털, 나사 같은 걸 발견하러 돌아다녔지만, 나는 낯선 곳을 떠돌며 사람을 발견했다.

이 책은 1년 전 이맘때쯤 스페인의 '산티아고 가는 길(Camino de Santiago)', 흔히들 '카미노'라 부르는 길 위에서 만난 사람들과 나 자신의 '발견기'다. 물음표를 안고 길을 떠났으나 답을 가진 사람을 만나진 못했다. 대신, 답이 없는 인생과 세상을 불안해하고 외롭다고 느끼던 이들을 만나 마음을 섞었다. 여전히 어디로 가야 할지 몰라 두리번거리는 사람들, 답이 보이지 않아도 질문하기를 포기하지 않는 사람들에게 내가 겪은 공감의 한 자락이라도 전하고 싶어 이 책을 썼다.

못생긴 언니가 저 혼자 미스코리아 대회 수상 소감 쓰는 듯해 민망하지만, 특별한 감사를 전해야 할 상대가 좀 있다.

우선 요거트를 먹어버린 카메라에 감사한다. 여행 초반의 어느 날 밤, 친구들과 노닥거리느라 내가 카메라와 요거트를 함께 넣어둔 보조가방을 깔고 앉은 줄도 몰랐다. 요거트 범벅이 된 카메라는 고장이 나기는커녕 이날부터 자기 의지를 가진 것처럼 움직였다. 초점이 맞았다가 흐렸다가, 사이즈가 커졌다 작아졌다 제멋대로였다. 사진으로 많은 걸 기억할 수 없게 된 탓에 보고 들은 것을 죄다 기록하기 시작했다. 덕분에 책을 쓸 밑천을 마련했으니, 카메라여! 고맙다.

카미노에서 만나 함께 시간을 보내고 책에 자기 이야기를 써도 좋다고 허락해준 친구들의 도움이 없었더라면 이 책은 나올 수 없었다. 〈우리가 관계 맺는 방법〉의 주인공인 마틴만 본인의 요청에 따라 가명을 썼다. 카미노에서 스쳐 지나가듯 만났던 이미혜는 귀한 사진 몇 장을 책에 쓰도록 기꺼이 제공해주었다.

'내 인생의 친구'들인 윤자와 혜경, 은령은 꿈속의 동행으로, 이메일로 긴 여행을 함께했다. 내가 무슨 짓을 해도 늘 내 편인 가족의

지원이야 새삼스럽게 언급할 필요도 없을 테지만, 여동생 현경은 긴 원고를 몇 번씩 읽고 꼼꼼히 조언하는 수고를 마다하지 않았다.

그러나 세상 그 어느 누구보다 이 책이 나오기까지 가장 큰 도움을 준 사람은 내 남동생이다. 그 녀석에게 한 약속이 없었더라면, 엉덩이 가벼운 나는 책을 쓰기는커녕 진작 꽃놀이하러 달려 나갔을 것이다. 그런 점에서 내 동생 김인배는 이 책의 공동 저자다. 마침내 책이 된 것을 그 녀석의 영혼도 함께 기뻐하리라 믿는다.

2009년 봄
김희경

차례

프롤로그 _ 두리번거리는 그대에게

13 혼자 걷기 시작한 길
    어디로라도! 어디로라도! / 순례자가 되는 첫 번째 스텝
    낯선 이의 친절

47 마음의 문 열기 씩씩한 한국 아이들
    '소시지 기계'의 뉘우침 / 머리 냄새 나는 아이
    흐르자, 길을 따라

77 우리가 관계 맺는 방법 혼자가 두려운 마틴
    5개국어를 하는 '베드 호퍼' / 길 잃은 여자와 떠돌이 개
    더 많이 사랑하는 자의 슬픔 / 관계치의 딜레마

125 '어디로' 보다 '어떻게' 애런의 길 찾기
    진짜 순례자? 그게 무슨 뜻이야? / 워커스 하이(Walker's High)
    카미노, 끝나지 않는 길

159 　믿음의 발견　'수호천사' 조와 조지

　　　길눈 밝지 못한 수호천사 / 우리를 살게 하는 힘
　　　영혼이 기뻐할 만한 곳

203 　아름다움의 힘　카미노의 무슬림 일마즈

　　　아라비안나이트와 산티아고의 전설
　　　노란 화살표가 가리키는 곳 / 힘내요, 신디!

241 　용기를 어디에서 구할까　겁쟁이 아줌마 마농

　　　'미친 짓'에 의기투합하다 / 내 안의 검은 양 풀어주기
　　　산티아고와 카미노 바이러스

279 　산티아고 그 후

　　　카미노 0.0킬로미터 / 안달루시아, 살아 있음의 체험

　　　에필로그_그리고 그들은 어떻게 되었을까

"Je te lance depuis Saint-Jacques, vieille Europe, un cri plein d'amour, retrouve-toi, sois toi-même, découvre tes origines, ravive tes racines, revis dans ces valeurs authentiques qui rendirent ton histoire glorieuse et ta présence dans les autres continents bénéfiques. Reconstruis ton unité spirituelle dans un climat de respect total des autres religions et des vraies libertés."

Le Pape JEAN-PAUL II.

Le Président de l'Association a l'honneur de recommander à toutes les Autorités religieuses et civiles, ainsi qu'aux Autorités militaires et de la Gendarmerie, ce Pèlerin qui entreprend vers Compostelle la traditionnelle pérégrination, à la manière des anciens pèlerins, et leur demande de bien vouloir lui prêter aide et assistance en cas de besoin.

El Presidente de la Asociación solicita de todas las Autoridades Eclesiásticas, Civiles y Militares, así como de la Guardia Civil, que no pongan impedimento a este peregrino, en viaje de conmemorativa peregrinación a Compostela, siguiendo el "Camino de Santiago".

혼자 걷기 시작한 길

나 홀로 있는 곳에서 나는 많은 사람을 만나며
나의 근심은 가벼운 웃음으로 깨어지고
엄숙한 나의 목소리에 뒤섞여 들려오는 부드러운 목소리
내 눈은 순수한 시선의 그물을 유지한다

폴 엘뤼아르, 〈이곳에 살기 위하여〉

CARNET DE PÈLERIN
DE SAINT-JACQUES
"Credencial del Peregrino"

délivré par:
Les Amis du Chemin de Saint-Jacques
Pyrénées-Atlantiques

39, rue de la Citadelle
64220 SAINT-JEAN-PIED-DE-PORT
Tél. 05 59 37 05 09
aucoindumarron.org

Camino de Santiago

ST JEAN
PIED DE PORT
28/04/08

어디로라도! 어디로라도!

또 10킬로그램이 넘었다.

한숨을 쉬며 배낭을 풀고 겨우 쑤셔 넣은 짐을 다시 쏟아냈다. 벌써 세 번째다. 7킬로그램짜리 배낭 만들기가 내 목표다. 하지만 방바닥에 다시 죽 늘어놓은 물건들을 바라보니 암담하기만 했다. 여행지에 가져가 읽을 책은커녕 오디오북 두 개를 저장해둔 MP3 플레이어처럼 '사치스러운' 물품은 진작 제외했다. 하지만 아무리 짐을 줄여도 그렇지, 한 달 넘는 도보 여행에 긴팔 티셔츠 두 개, 반팔 티셔츠 한 개가 과연 차고 넘치는 짐인 걸까? 팔짱을 끼고 애먼 티셔츠만 노려보다 한숨을 쉬며 긴팔 티셔츠 한 개를 들어냈다. 거지 몰골로 길을 걷는 내 모습이 떠올라 잠깐 눈앞이 아찔해졌지만, 뭐 어쩔 수 없다.

다음 대상은 화장품 가게 몇 군데를 돌며 잔뜩 얻어온 샘플용 스킨과 로션들. 손가락 두 마디 길이도 채 안 되는 샘플 통을 눈앞에 바짝 쳐들고 엄지손톱 끝으로 가상의 눈금을 통 위에 그려가며 계산해보았다. 하루, 이틀…… 아껴 쓰면 한 통이 열흘은 가겠다. 나머지는 한 움큼 집어 옆으로 밀쳐냈다. 다음은 구급약 봉지…….

정밀 검사라도 하듯 모든 물건들에 대해 일일이 '이게 꼭 필요한가?', '꼭 필요하다면 이만큼의 양이 꼭 필요한가?'를 묻고, '그렇다'는 대답이 곧장 튀어나오지 않는 품목은 다 빼거나 줄였다. 두근거리는 마음으로 다시 저울 위에 배낭을 올려놓았다.

혼자 걷기 시작한 길

……6킬로그램!

됐다! 스페인 북서쪽의 작은 도시 산티아고(Santiago)에 걸어가려는 내 준비는 이것으로 모두 끝났다. 견딜 만한 무게의 배낭과 왕복 비행기표, 프랑스 파리에서 산티아고 가는 길의 출발 지점인 생장피에드포르(Saint-Jean-Pied-de-Port)까지 가는 기차표 그리고 튼튼한 두 다리. 그게 전부였다.

40리터짜리 배낭의 자체 무게가 1.36킬로그램이니 넣어가는 짐은 4.6킬로그램에 불과했다. 이 정도만 갖고도 사는 데 아무 지장이 없다는 걸 체험하게 될지, 아니면 극도로 궁핍한 생활에 질려 도중에 걷기를 포기하게 될지 스스로도 궁금해졌다. 가이드북도, 지도도 없지만 챙길 생각조차 하지 않았다. 이전에 산티아고 순례기를 몇 권 읽어둔 덕분에 생판 모르는 곳에 간다는 느낌은 덜했다. 내가 읽은 순례기의 저자들은 자기 자신을 찾으려는 영적인 이

내 등에 업혀 먼 길을 함께 여행한 배낭

유나 초월적 존재에 대한 믿음을 구하려는 종교적 동기로 산티아고 가는 길을 걸었다.

하지만 내가 이 길을 선택한 이유는 좀 달랐다. 진지한 추구를 전제하는 '순례'는 출발할 때의 내겐 낯설기만 했다. 깨달음 같은 건 처음부터 바라지도 않았다. 내가 혹했던 건 산티아고 가는 길이 '한쪽 방향을 향해 800킬로미터가량을 걸어가는, 안전하고 단순한 길'이라는 점이었다. 길을 헤맬 걱정도, 내일은 어디에 갈지 고민할 필요도 없이 배낭을 메고 걸어갈 체력만 있으면, 그저 화살표를 따라 쭉 걷기만 하면 되는 길.

한 친구는 여행지를 고른 이유치곤 참 무식하다고 혀를 찼지만, '단순한 길'을 여행지로 선택한 이유 역시 단순했다. 무작정 혼자 있고 싶어서였다. 내가 처한 환경에서 잠시라도 벗어나 아는 사람이 한 명도 없는 곳에서 아무 계획 없이 떠돌고 싶었다. 그저 '지금, 여기'를 벗어나고 싶은 마음에 안달했다. 내 마음은 어느 책 뒤 표지에서 본 프랑스 시인 샤를 보들레르(Charles Baudelaire)의 시구에 깊이 공명했다. "어디로라도! 어디로라도! 이 세상 바깥이기만 하다면!"

더군다나 부당해 보이는 불운이 잇따라 덮쳐온다고 느낄 때, '지금, 여기'는 가장 피하고 싶은 시간이자 장소다. 산티아고를 향해 떠나기 직전 내가 그랬다.

일본 소설가 다나베 세이코(田邊聖子)의 표현을 빌리자면, "고생이란 누구한테나 당번처럼 돌아오는 것"이다. 정도와 빈도의 차이는 있지만 불운도 마찬가지 아닐까. "초월자인지 우주인지 하느님인지 도무지 알 수 없는 커다란 존재"가 "사람 목을 말뚝 삼아 고리 던지기 하듯" 온갖 종류의 불운의 당번 패가 달린 고리를 무차별 살포하는 것만 같다. 균등하게 배포되지 않지만 불공평하다고 따져본들 소용없다.

하필 그 고리들은 짧은 시간 안에 내 목에 쑥쑥 잘도 들어왔다. '병 당번', '사별 당번' 패가 잇따라 목에 걸렸다. 산티아고에 가기 6개월 전 날벼락처럼 들이닥친 남동생과의 '사별 패'는 너무 무거워 심하게 휘청거렸다. 바닥까지 떨어졌다가 간신히 다시 기어올라왔을 땐 혼자 있고 싶었다. 마침 내 마음대로 쓸 수 있는 3달간의 시간이 생겼고, 나는 비탄이 늪처럼 고인 나의 '지금, 여기'를 벗어나기 위해 배낭을 싸기 시작했다. 출발할 즈음의 내게 산티아고 가는 길은 나를 찾아가는 여정이 아니라 나로부터 달아나기 위한 일종의 도주였다.

난 내가 어디에서 도망치는지는 잘 알고 있었지만, 무엇을 찾아 어디로 향해 가는지는 잘 몰랐다. 지리적인 목적지야 물론 스페인의 산티아고다. 산티아고는 예수의 열두 제자 중 야고보 성인의 유해가 묻혀 있는 곳으로 알려진 가톨릭의 성지다. 이 길을 사람들이

산티아고 가는 길에선 다양한 모양의 화살표가 방향을 안내한다. 나중엔 화살표에 이끌려 걷는 듯한 착각에 빠질 정도다.

순례한 역사는 천 년도 넘었다. 산티아고에 이르는 길은 여러 루트가 있는데 그중 프랑스 남부 생장피에드포르에서 출발해 피레네 산맥을 넘어 산티아고에 이르는 '프랑스 길'이 가장 유명하다. 스페인어 '카미노(camino)'는 그냥 '길'이라는 뜻의 보통명사이지만 '프랑스 길'이 워낙 유명하다보니 '카미노(Camino)'가 '프랑스 길'을 지칭하는 고유명사처럼 쓰인다.

게다가 셜리 맥클레인(Shirley MacLean), 파울로 코엘료(Paulo Coelho) 등 명사들이 카미노에서 체험한 영적 깨달음, 삶의 변화를 고백하면서 이 길은 널리 알려졌다. 국내에서도 도보 여행가 김남희 씨의 순례기가 출판된 것을 기점으로 관심이 부쩍 늘었고 인터넷에 '카미노 카페'가 개설됐을 정도다.

최근 들어 이 길을 걷는 한국인도 급증했다. 내가 카미노를 걷던 동안에도 한국 순례자들을 수시로 만났다. 유럽의 순례자들과 지역 주민들은 내 국적을 알고 나면 눈이 휘둥그레져 한국 사람들이 카미노에 왜 이렇게 많이 오느냐고 묻곤 했다. 길을 걷는 사람들도 국적과 상관없이 곧잘 서로에게 "여길 왜?" 하고 물으며 먼 길을 걷기로 결심한 이유를 궁금해했다. 만나는 사람마다 툭하면 '왜'냐고 물어대니 내가 '무엇을 찾아 어디로 왜 가는지' 생각하지 않으려야 않을 수가 없었다.

글쎄……. 내가 속한 현실에서 벗어나 혼자 있고 싶다는 아주 자명한 이유를 제외한다면, 내 마음은 '왜' 그곳으로 향할까. 사실은 나도 잘 몰랐다. 길을 걸으면서 내내 스스로에게 묻게 될 질문이었다. 왜 여기 왔을까. 나는 무얼 향해 가는 걸까.

나중에 알게 된 사실이지만, 왜 이 길을 걷는지 자신의 이유를 명확하게 설명하는 사람은 많지 않았다. 그 먼 길을 걷는 동안 만난 사람들 중 종교적 동기가 강했던 사람도 얼마 없었다. 각자 어떤 이유에 이끌려 카미노에 왔겠지만, 여기서 뭘 찾는지 설명하는 것을 곤혹스러워하는 사람이 많았다.

돌이켜 보면, 여행의 목표와 의미를 처음부터 설정하려 안달하기보다 낯선 길을 홀로 걸을 때, 그리고 낯선 사람들과 어울려 지내다 숱한 이들이 공유하는 어떤 감정과 지향의 윤곽이 서서히 드러날 때, 비로소 여기서 무엇을 원하는지가 스스로에게도 이해되기 시작한다는 것이 더 사실에 가까웠다. 여행 도중에, 어쩌면 여행이 끝나고 난 뒤 한참이 지나서야 깨닫게 될지도 모를 여행의 이유를 처음부터 분명히 하려고 애쓸 필요는 없는 것이다.

순례자가 되는 첫 번째 스텝

내내 '왜'라는 질문을 품고 걷는 덜 떨어진 여행자가 되어도 좋으니 일단 가자 결심했건만, 출발하는 사람의 마음은 또 달랐다. 4월 초, 파리로 가는 비행기 안에서 내 마음은 초조해졌다. 여행이 시작되기도 전에 내 여행을 의심하기 시작했다. 쉽게 내기 어려운 시간을 의미 있게 보내야 한다는 강박이 마음을 짓눌렀지만 딱히 이렇다 할 '의미'가 떠오르지 않았다. 도대체 뭐하러 가는 거지? 무작정 걷기만 한다니, 이거 바보 같은 짓이 아닐까?

읽을 책 한 권 없이 여행하는 것도 처음이었다. 뭘 써보면 이유가 정리되지 않을까 싶어 수첩을 펼쳤지만 적을 말이 하나도 없다. 아, 정말 아무 생각이 없구나……. 그냥 당분간 이렇게 있어보지, 뭐. 이유를 구하려는 마음을 접었다.

하지만 불안을 만들어내는 마음이라는 친구는 지칠 줄을 모른다. '왜'냐는 질문을 접자 이번엔 그 자리에 온갖 걱정거리가 모락모락 피어올랐다. 출발하기 전, 내 체력과 인내심이 형편없음을 아는 친구들이 그 먼 길을 어떻게 걸으려 하느냐고 염려할 때마다 난 짐짓 호기롭게 대꾸했다.

"아, 힘들면 하루 걸을 길 이틀에 걸으면 되고, 가다 못 가면 그만 가면 되지, 뭐가 문제야!"

하지만 한 달 넘게 걷는 일을 내 몸이 감당이나 할 수 있을지 슬슬 걱정이 되기 시작했다. 도보 여행가 김남희 씨의 여행기에서 무릎 십자인대가 파열되었다는 대목이 생각났다. 내 무릎은 그 먼 길을 감당할 수 있을까.

파리 드골 공항에 내려 오스테를리츠(Austerlitz) 역으로 이동할 때 허리를 쭉 펴고 배낭의 무게야 아무렇지도 않은 척 성큼성큼 걸으려 했지만, 자꾸 발이 꼬였다. 신발 때문이다. 발목을 여러 번 접질린 전력이 있는 터라 발목까지 올라오는 중등산화를 마련했다. 가죽이 뻣뻣한 중등산화를 길들인답시고 평소에도 그 무거운 신발을 신고 돌아다녀봤지만 여전히 족쇄를 찬 기분이었다.

더 큰 걱정은 화장실과 숙소였다. 미국 수녀 조이스 럽(Joyce Rupp)은 산티아고 순례기 《느긋하게 걸어라》에서 순례자가 된다는 낭만적인 기대와 실제 순례자가 되는 일은 전혀 다르다고 적었다. 지루하고 반복적인 보행, 냄새나는 알베르게(Albergue: 카미노 순례자 전용 숙소. 허름한 유스호스텔을 상상하면 된다), 30~40명이 함께 쓰는 더러운 화장실, 샤워장의 물이 안 빠지는 지저분한 바닥, 사방에서 코를 고는 사람들 때문에 도무지 잠을 청하기 어려운 환경⋯⋯. 조이스 럽 수녀는 '역경을 극복하라'는 교훈을 전달하기 위해 이런 실상을 적어두었지만 교훈보다 열악한 환경만 눈에 밟혔다. 아, 그런 데서 어떻게 지낸담⋯⋯. 끔찍했다.

그 뒤 독일 코미디언 하페 케르켈링(Hape Kerkeling)의 산티아고 여행기 《그 길에서 나를 만나다》를 읽으면서는 좀 안심이 되었다. 케르켈링은 사생활이 전혀 보장되지 않고 지저분한 알베르게가 싫다면서 계속 호텔에 묵는 방식을 고수했다. 그렇다고 그 사람의 여행이 이상해 보이지도 않았다. 좀 비싸 보이긴 했지만⋯⋯. 좋다. 나도 알베르게엔 가지 않을 거다. 걷기만 하면 됐지 굳이 열악한 시설에 묵으며 자학할 필요는 없지 않은가. 억지로 '순례자'

연 할 필요도 없다. 돈이 좀 들어도 한국의 장급 여관처럼 싼 호스텔을 찾을 수 있겠지 싶었다.

출발 지점인 생장피에드포르에 가면서 그런 생각은 더 강해졌다. 생장피에드포르에 가려고 내가 사둔 기차표는 파리의 오스테를리츠 역에서 출발하는 야간열차다. 기차에서 자고 새벽 6시 반 바욘(Bayonne) 역에 도착한 뒤 다시 생장피에드포르행 기차를 갈아타야 한다.

오스테를리츠 역에서 바욘까지 가는 야간열차에서 내가 탄 객실은 2층 침대가 두 개 있는 4인용 칸이었다. 승객이 별로 많지 않아 제발 아무도 들어오지 않기를 바랐건만, 문이 열리는 순간 가슴이 철렁했다. 부부와 어린아이가 동행이었다. 부부는 착해 보였고 나한테 피해를 줄까 봐 계속 목소리를 낮춰 소곤거렸지만, 부모의 의지와 상관없이 밤새 칭얼대는 아이 때문에 한숨도 잘 수가 없었다. 장거리 비행 직후 한숨도 못 잔 야간열차 여행이라……. 시작도 하기 전에 진이 빠지겠다. 뜬눈으로 누워 기차가 덜컹거리는 소리, 옆 침대에서 아이를 달래는 엄마의 초조한 속삭임을 들으면서, 생장피에드포르에 도착하면 편하게 잘 수 있는 호텔에 가리라 별렀다.

오전 8시 반 바욘에서 생장피에드포르까지 가는 기차 승객은 모두 순례자들 같았다. 다들 커다란 배낭을 하나씩 짊어졌고, 눈이 마주치면 '너도……' 하는 공모자의 심정으로 가볍게 웃었다. 내

건너편 자리엔 서양인 노부부가 엄청나게 큰 배낭을 옆에 두고 앉아 있었는데, 두 사람은 가이드북을 함께 펴들고 이런저런 의논으로 바빠 보였다. 내릴 때가 되자 할머니가 내게 다가오더니 패스포트를 어디서 받는지 아느냐고 물었다.

"패스포트? 아, 크레덴시알(Credential: 순례자임을 입증하는 일종의 여권) 말이죠?"

할머니가 고개를 끄덕였다. 순례자들은 도착하는 마을마다 알베르게에서 크레덴시알에 도장을 받아야만 산티아고에 도착한 뒤 카미노의 순례자임을 인정해주는 증서를 받을 수 있다. 크레덴시알을 어디에서 얻는지, 내가 알 리가 없다. 모른다고 했더니 할머니가 그럼 넌 어떻게 할 거냐는 표정으로 가만 바라보았다.

"그냥 다른 사람들 따라가지요……."

할머니는 그러자고 말하며 따라 웃었지만 약간 불안해 보였다.

생장피에드포르의 골목길

생장피에드포르의 한 알베르게 입구를 장식한 여행자의 필수품들.
배낭과 지팡이와 등산화. 이 세 가지만 있으면 어디엔들 못 가랴.

나도 덩달아 마음이 다시 불안해지기 시작했다.

생장피에드포르 역에 내리자 할머니의 걱정은 기우였음이 드러났다. 역 마당의 안내 지도판 앞을 기웃거리는데 내 배낭의 두 배쯤 되어 보이는 커다란 배낭을 멘 젊은 여자가 자기 집 앞길이라도 되는 양 골목을 쓱쓱 걸어갔다. 그 뒤를 줄줄이 따라갔더니 순례자를 맞는 사무소가 나왔다. 비가 추적추적 내리기 시작했다.

사무소에선 마음씨 좋게 생긴 자원봉사 할아버지가 비를 피해서 들어오라면서 배낭을 받아주고 사람들을 맞았다. 이름과 국적 등을 적고 첫 번째 도장을 찍은 크레덴시알을 받았다. 할아버지가 전체 길을 서른네 구간으로 나눠 길의 높낮이를 그려둔 고도표와 각 마을의 알베르게 리스트가 적힌 종이 두 장을 건넸다. 고도표를 보니 하루 걷는 거리를 20~30킬로미터로 잡아 전체 764킬로미터의 거리를 34일간의 일정으로 쪼개두었다. 그것 한 장만 들고 가도 여행에 별 무리가 없을 것 같았다.

책상 위엔 산티아고의 상징인 조개껍질이 쌓여 있었다. 하나 가져도 되냐고 물었더니 할아버지가 고개를 끄덕이고 조개껍질을 배낭에 달라고 알려주면서 "순례자가 되는 첫 번째 스텝"이라고 덧붙였다. 옆의 기부금 함에 2유로를 넣고 조개껍질을 배낭에 달았다.

크레덴시알도 받고 조개껍질도 달았겠다, 할아버지 말마따나 막 첫 번째 스텝을 내디딘 거였다. 이 길 위에서 어떤 일들을 겪게 될까. 끝까지 갈 수나 있을까. 설렘과 의혹이 마음속에서 불안하게

혼자 걷기 시작한 길

교차했다.

생장피에드포르에서 출발하면 첫날 피레네 산맥을 넘어 스페인으로 가야 한다. 피레네 산맥은 해발 고도가 1400여 미터로 첫날부터 강행군이다. 게다가 빗줄기가 점점 굵어졌다. 이날은 시간도 늦고 날씨가 나빠 출발하기엔 무리였다. 할아버지는 다음 날도 날씨가 궂으면 피레네를 넘어가는 '나폴레옹 루트'가 위험하니 산 아래 우회도로로 돌아가는 게 좋다고 설명해주었다. 다음 날 산의 날씨가 어떨지 모르니 오후에 사무소에 다시 들러 확인해보라고 권하기에 그러마고 했다. 나폴레옹 루트에 대한 설명을 마저 듣고 일어설 때가 되자 할아버지가 물었다.

"오늘은 어디서 묵을 거죠?"

"호텔을 찾아볼 생각인데요."

"그것보다 알베르게에서 묵는 게 적응도 빨리 되고 좋아요. 다른 순례자들도 만날 수 있고."

나는 혼자 있을 건데요, 하는 말을 미처 할 틈도 없이 할아버지가 알베르게를 소개해주겠다면서 자리에서 일어섰다. 마지못해 따라 나갔다. 사무소에서 가까운 알베르게엔 아무도 없다. 할아버지가 소리쳐 주인을 부르니 뚱뚱한 주인아줌마가 막 샤워를 마친 듯 머리에 수건을 두르고 샤워 가운을 입은 채 위풍당당하게 나타났다. 방을 하나 열어 보여주는데 작은 침대들 예닐곱 개가 가로 세로로 다닥다닥 붙어 놓여 있다. 꼭 백설공주의 일곱 난장이들이 자는 침대처럼 좁아 보인다.

내가 방 문 앞에서 미적대자 뒤에서 팔짱을 끼고 서 있던 주인아줌마가 여자들만 자는 방이라고 퉁명스럽게 말을 툭 던졌다. 대개 알베르게에서 침대를 배정할 땐 남녀의 구분이 없다고 들었다. 내가 미적대는 이유가 거의 동침 수준으로 딱 붙은 옆 침대에 남자가 묵게 될까 봐 꺼리는 것처럼 보였나 보다.

아줌마의 말에 반가운 척하며 방에 들어가 한 침대 위에 앉아보니 스프링이 망가졌는지 푹 꺼진다. 일어서면서 할아버지를 바라보며 고개를 가로저었다. 그쯤에서 그칠 만도 하건만, 혼자 온 동양 여자가 불안해 보였던지 할아버지는 다른 알베르게에 가보자면서 앞장섰다.

맞은편 알베르게는 좀 전의 텅 빈 집과 달리 활기찼다. 젊은 사람들 한 무리가 1층의 부엌에서 이른 점심을 준비하느라 부산했다. 이미 예약이 모두 끝났고 침대가 딱 한 개 남았다고 한다. 할아버지가 침대 세 개만 있는 작은 방이라 조용해서 마음에 들 거라면서 앞장서서 2층에 올라갔다. 방은 작고 아담했다. 옆의 침대 두 개를 예약한 사람들은 남자인지 여자인지를 물었더니 최악의 답이 돌아왔다.

"커플이에요."

……됐다. 서로 눈치 보며 고문할 일 있는가. 안녕히 계시라고 말하고 앞서 내려왔다. 할아버지의 호의가 미안해서 내 뜻을 분명

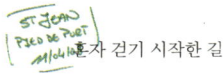

혼자 걷기 시작한 길

히 밝혀야겠다 싶었다.

"있잖아요, 제가 비행기를 타고 온 직후에 야간열차를 타고 왔는데 한숨도 못 잤거든요. 내일 피레네 산맥을 넘어야 하는데 지금 너무 피곤해요. 조용한 방에서 혼자 좀 자고 싶고……."

어쩐지 구차한 변명을 늘어놓는 기분이다. 순례자라면 당연히 알베르게에 묵어야 한다는 듯한 할아버지의 단호한 태도에 묘한 반발감도 일었다. 어쨌든 고맙다고 여러 번 인사를 한 뒤 호텔을 찾아 나섰다. 피레네 산맥으로 향하는 길 가까운 쪽의 호텔을 물색해보니 숙박료가 생각보다 비쌌다. 할 수 없이 1박에 60유로나 하는 호텔에 짐을 풀었다. 작은 마을이라 이렇겠지. 내일부터는 좀 싼 호스텔을 찾을 수 있을 거라고 쓰린 속을 달래며 작고 어두운 방의 침대로 기어 들어가 까무룩 잠이 들었다.

낯선 이의 친절

오전 5시 반. 비가 그쳤다. 미리 사둔 빵과 햄으로 아침을 먹고 점심용 샌드위치를 만들어 배낭에 넣은 뒤 7시쯤 호텔을 나섰다. 길 위엔 아무도 없었다. 마을을 벗어날 때 성당에서 7시 반을 알리는 종이 울렸다. 잘 가라고 배웅하는 듯한 종소리. 이제 시작이다. 심호흡을 깊게 하며 양손에 든 마운틴 폴을 다잡았다.

산으로 올라가는 길은 제법 가팔랐다. 전날 오후 마운틴 폴을 사

피레네 산맥으로 오르는 길의 초입

두길 잘했다. 순례자용 멋진 나무 지팡이를 살까 하다가 좀 우스꽝스러워 보여 마운틴 폴 한 벌을 샀는데 그게 없으면 종일 힘들었을 것이다. 포장도로를 걸을 때면 마운틴 폴이 바닥에 닿을 때마다 나는 리드미컬한 소리가 발걸음의 반주 마냥 경쾌했다.

그것 말고도 마운틴 폴의 긴요한 용도가 하나 더 있다. 산으로 올라가는 길에 마주치는 농장마다 개들이 컹컹 짖어댔다. 몇몇 집에선 개를 풀어놓았고 내 덩치보다 커 보이는 개들이 마구 달려오며 금방이라도 덤빌 듯 위협했다. 겁이 덜컥 났다. 네 영역을 침범하지 않을 테니 너도 내 영역 안으로 들어오지 말라고 시위라도 하는 양 마운틴 폴을 번갈아 요란하게 바닥에 찍어대며 걸음을 재촉했다. 마운틴 폴로 내 몸 주변에 보이지 않게 만들어내는 안전 구역은 제법 효과가 있었다. 나중엔 개들을 만나도 별 신경을 쓰지 않게 되었다.

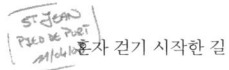
혼자 걷기 시작한 길

드문드문 보이던 집들이 사라졌다. 전날 내린 비 때문에 산길의 풀숲이 다 젖었지만 1시간마다 한 번씩 배낭에 넣어온 버블 랩을 깔고 앉아 양말까지 다 벗고 발가락 사이에 바셀린 바르는 일을 끈질기게 반복했다. 그래, 적어도 아주 구체적인 목표는 하나 있는 거야, 하고 중얼거렸다. 발에 물집이 잡히지 않고 여행을 끝내는 것.

가끔씩 지나가는 차들이 클랙슨을 울렸다. 처음엔 내가 차도를 점유한 것도 아닌데 왜 저래, 하는 마음이었는데 한 운전자가 클랙슨을 울린 뒤 지나가며 손을 흔드는 걸 보고서야 이유를 알았다. 조개껍질을 배낭에 단 순례자들에게 응원을 해주는 거였다.

첫날부터 피레네 산맥을 넘는 건 꽤 강행군이다. 산을 한참 올라가니 독수리인지 솔개인지 알 수 없는, 육식성으로 보이는 큰 새들이 낮게 날면서 머리 위를 스쳐 지나갔다. 약간 섬뜩했다. 뒤를 돌아보니 저 멀리서 한 사람이 커다란 배낭을 메고 걸어오는 게 눈에 띄었다. 그제야 마음이 놓였다. 이럴 거면서 혼자 있겠다고 우기기는……. 피식 웃음이 나왔다.

7킬로미터쯤 걸어 오리손(Orisson)의 알베르게에 도착했다. 피레네 산맥에 단 하나 있는 알베르게. 피레네를 한 번에 넘을 엄두가 나지 않는 사람들은 하룻밤 묵어가기도 하는 곳. 오아시스를 만난 듯 달려 들어가 커피를 마시며 다시 발에 바셀린을 바르기 시작했다.

10분쯤 지나니 문이 열리면서 잘생긴 남자가 들어왔다. 내 뒤에서 걸어오던 사람 같다. 가볍게 눈인사를 하고 바셀린을 바르는데 그가 다가오더니 멋쩍게 웃으면서 물었다.

"합석해도 되나요? 아, 오늘 너무 오래 혼자 있어서 대화가 필요해요. 괜찮죠?"

미국 워싱턴 D. C.에서 온 마이클. 묻지도 않았는데 결혼반지를 낀 손가락을 보여주며 아내는 D. C.에 있다고 들려준다. 수작 거는 남자로 오해받지 않으려 신경 쓰는 눈치다. 아니면 내가 딴 마음을 먹을까 봐 미리 방어하는 것이든지. 그는 직장을 그만두고 옮기는 도중에 이곳에 왔다고 한다. 나더러 색다른 여행 삼아 온 거냐고 묻기에 뭐라 설명할 말이 없어 그냥 고개를 끄덕였다.

스페인에서 자랐다는 마이클이 산티아고 이후에 꼭 가보라면서 일사천리로 '살라망카(Salamanca)→세고비아(Segovia)→마드리드(Madrid)→톨레도(Toledo)→우베다/바에자(Ubeda/Baeza)→코르도바(Córdoba)→카르모나(Carmona)→세비야(Sevilla)→론다(Ronda)→그라나다(Granada)'의 일정을 내 수첩에 적어주었다. 한곳에 오래 머무는 방식으로 여행하고 싶다면 세비야 옆의 작고 예쁜 도시 카르모나가 좋다고 강력하게 추천했다.

커피에 우유를 넣은 스페인의 '카페 콘 레체'는 아주 맛있다. 한 잔을 더 주문하고 값을 치르려 가방을 뒤적이는데 마이클이 자기가 계산하겠다면서 내 커피 값 1유로를 냈다. 그럴 필요 없다며 손을 내저었더니 괜찮단다.

"고마워요. 그럼 다음 마을에 도착하면 내가 한 잔 살게요."

잘생기고 유쾌한 데다 스페인어까지 유창해 여러 모로 유익한 남자가 길동무가 될지도 모르겠구나 하는 생각에 은근히 설레었다. 혼자 걷는 산길이 약간 지루해지기 시작한 터였다. 하지만 그의 대답을 듣는 순간 뜨악해졌다.

"아뇨. 나한테 말고 다른 순례자에게 사세요."

내가 약간 당황해하는 걸 눈치 챘는지 그가 서둘러 덧붙였다.

"계속 다른 사람에게 커피를 사면서 카미노에 연쇄적인 호의의 망을 만드는 것도 재미있잖아요."

그러거나 말거나……. 혼자 북 치고 장구 치던 속내를 들킨 것 같아 민망했지만 아무렇지도 않은 척 "좋은 생각!"이라며 맞장구를 치고 기억나지 않는 대화 몇 마디를 나누다 "그럼 안녕히" 하고 화장실에 갔고 그는 다시 길을 떠났다.

마이클이 먼저 떠난 뒤 피레네 산맥을 넘어 스페인에 도착할 때

피레네 산 위 눈길

까지 사람을 단 한 명도 만나지 못했다. 눈이 내리기 시작했다. 전날 순례자 사무소의 자원봉사 할아버지가 오후에 다시 들러 날씨를 확인하라던 말이 그제야 생각났다. 호텔에 쓰러져 자느라 할아버지의 말을 까맣게 잊어버린 거였다.

어디 앉아서 점심용으로 만들어온 샌드위치를 먹어야 하는데, 양말 벗고 바셀린도 발라야 하는데……. 마음은 초조한데 눈발은 점점 굵어진다. 도저히 따라잡을 수 없을 만큼 멀리 앞서가던 마이클은 한 구비를 돌 때 내 쪽을 향해 손을 크게 흔들더니 속절없이 사라져버렸다. 하는 수 없이 길 옆 바위 위에 주저앉아 오들오들 떨며 차갑게 식은 샌드위치를 먹었다. 이게 무슨 꼴인지……. 뭔가 큰 낭패를 본 것 같은 심정이었지만 후회로 가슴을 치기엔 이미 늦었다. 산을 빨리 넘어야 한다는 조바심이 앞섰다.

산 위로 올라가니 눈이 발목까지 쌓였다. 걸음이 더뎌질 수밖에 없었다. 천천히 걸으며 다시 대답을 해보려고 노력했다. 생각해보자. 여길 왜 왔는지. 하지만 아무것도 떠오르지 않았다. 다만 몸에 주의를 기울이며 천천히 걷고, 눈길에서 탈출하는 게 내가 생각해낼 수 있는 유일한 목표였다.

걸음이 더뎌지니 비로소 나무마다 쌓인 눈꽃들이 눈에 들어왔다. 여행을 떠나기 전 서울에서 겪었던 일들이 선명한 이미지로 눈앞에 떠올라 자주 울컥해졌다. 하지만 발이 푹푹 빠지는 통에 감상에 오래 젖어 있기도 어려웠다. 고개를 숙이고 앞선 사람의 발자국을 따라 발을 내딛으려고 기를 쓰며, 내가 이 산을 무사히 넘는다면 순전히 이 앞선 발자국 덕분이라는 생각이 들었다.

'연쇄적인 호의의 망'을 만들려 애쓰기 훨씬 이전부터 이미 다른 사람의 존재 자체, 앞서간 발자국이 호의의 연결망으로 내 앞에 놓여 있는 것만 같았다. 발자국의 방향을 놓치지 않으려고 애를 쓰며 깊은 산속을 홀로 걸으면서도 어쩐지 외롭지 않았다.

앞이 보이지 않을 정도로 눈보라가 심해져 판초를 꺼내 입고 겨우 스페인의 론세스바예스(Roncesvalles) 마을에 도착한 때는 오후 5시 반. 보통 8시간 걸린다는 길을 10시간 걸었다. 눈보라는 마을에서 비바람으로 바뀌었다. 처음 눈에 띈 바에 무작정 뛰어 들어가 판초를 벗고 거울을 보니 거지 몰골이 따로 없다. 바 안에서는 벌써 도착한 마이클이 이미 깔끔하게 옷을 갈아입은 채 저녁을 먹고 있다.

이런……. 괜히 야속해진다. 산길을 내려올 땐 아래 마을에서 만약 마이클을 다시 만난다면 앞선 네 발자국 덕분에 길을 잃지 않고 올 수 있었다고 폼 나게 인사 해야지, 생각했다. 하지만 나는 물에 빠진 생쥐 꼴로 내려왔는데, 이미 단정한 차림새의 그를 보니 좀 얄미워졌다. 기사도도 인정머리도 없는 인간 같으니라고. 나 같으면 눈 쌓인 산길을 여자 혼자 잘 내려올 수 있을지 걱정돼서 좀 기다려주기라도 하겠더구먼……. 혼자 투덜거리는 내 속도 모르고 마이클은 나를 보고 "해냈군요!" 하며 반가워하더니, 크레덴시알에 도장을 받을 수 있는 순례자 사무소는 어디에 있고 알베르게는 어디에 있는지 열심히 알려주었다. 순례자 사무소에 가서 도장을 받은 뒤 호텔을 찾으려 했지만 비바람 속을 다시 헤매기엔 기운이 바닥난 터라 알베르게로 직행했다. 재미삼아 한번 알베르게를 구경해보는 것도 나쁘지 않을 것 같았다.

이곳의 알베르게는 큰 홀에 80개가 넘는 2층 침대가 주르륵 배열돼 있는 구조다. 밖엔 눈보라가 몰아치고 동굴처럼 어둑한 실내에 배열된 철제 침대들, 남이 보건 말건 젖은 옷을 벗어 던지고 침대에 침낭을 깔고 배낭의 짐들을 정리하느라 부산한 사람들. 꼭 난민 대피소 같은 풍경이다.

알베르게에서 등록을 받던 자원봉사자가 거의 넋이 나간 표정의 나를 보더니 어느 길로 왔느냐고 물었다. 나폴레옹 루트로 피레네를 넘어왔다고 하니 깜짝 놀란다. 폭설이 내리니까 가지 말라는 주의도 못 들었냐고 나무라듯 말했다. 오늘 그 산을 넘어 여기 온 사람은 내가 두 번째라면서.

론세스바예스의 알베르게.
동굴 안에 만들어진 난민 대피소 같은 풍경이다.

큰일 날 뻔했다는 생각에 덩달아 놀랐다. 나더러 용감하다고 감탄하는 자원봉사자 앞에서 '용감한 게 아니라 무식한 건데……' 하고 속으로 민망했지만 나도 모르게 약간 으쓱해졌다. 폭설로 뒤덮인 피레네도 넘었는데 앞으로 어딘들 못 가랴 하는 심정. 나 혼자만의 힘으로 뭔가를 이뤄낸 듯한 기분이었다. 마이클이 쌩하니 가버리지 않았더라면 이 작은 성취감을 온전히 내 것으로 갖기 어려웠을 거라 생각하니 마음이 다시 낙낙해졌다.

내가 배정 받은 침대 왼쪽 옆은 어마어마한 장비를 짊어지고 온 큰 체구의 독일 여자가 자리를 잡았다. 질문을 품은 순례자라기보다 깃발을 꽂으러 온 모험가의 얼굴이다. 오른쪽엔 한국인 가족 네 명이 자리를 잡았는데 독실한 가톨릭 신자들이다. 여기 왜 왔을까 하는 의문을 계속 마음에 품은 어수룩한 순례자는 나밖에 없는 것 같았다.

'호스피탈레로'라고 불리는 자원봉사자들은 거의 다 카미노를 한 번 이상 걸었던 사람들이다. 대체로 따뜻한 태도로 '초보 순례자'들을 맞아주었지만 몇 사람들은 신참 대하는 교관의 고압적 태도가 몸에 밴 듯했다. 샤워와 빨래를 하고 난 뒤 한 여성 자원봉사자에게 따뜻한 차 한 잔 마실 수 있느냐고 물었더니 어이없다는 듯한 눈길로 나를 위아래로 훑어보며 "이번엔 내가 차를 만들어주겠지만 여기가 호텔이 아닌 걸 명심하라"고 일갈했다. 어이없는 사람은 나다. 그깟 차 한 잔이 뭐 그리 대수라고.

크레덴시알을 보여주면 '순례자를 위한 메뉴'를 싼 값에 먹을 수 있다는 식당으로 저녁 식사를 하러 갔다. 큰 테이블에 사람들이 빙 둘러앉아 있는데 누군가가 내게 손을 흔들며 아는 체를 했다. 생장피에드포르로 오는 기차 안에서 만났던 노부부다. 아일랜드에서 온 마리와 피터. 마리 옆자리에 앉아 날씨와 길 이야기를 하며 식사를 기다리는데 한기가 느껴져 저절로 몸이 부르르 떨렸다. 그런 나를 보더니 마리가 내 어깨에 손을 얹고 걱정스러운 표정으로 말했다.

"우린 오늘 호텔에 머무는데 우리 방에 목까지 몸을 담글 수 있는 큰 욕조가 있어요. 정말 좋아요. 내가 열쇠를 줄 테니 밥 먹고 우리 방에 가서 따뜻한 물에 목욕을 좀 해요. 한결 나을 거예요."

어안이 벙벙해졌다. 난 자원봉사자들이 상주하고 사람들이 계속 오가는 알베르게에 짐을 두고 나올 때도 긴 스프링이 달린 자물쇠로 배낭을 침대 다리에 묶어두었다. 짐을 줄인다고 요란을 떨 때도 끝까지 필수 품목에서 빼지 않았던 도난방지용 자물쇠다. 그런데 이 사람은 기차에서 딱 한 번 마주쳤을 뿐인 나를 어떻게 믿고 자기 방 열쇠를 주겠다고 하는가.

온기가 훅 끼쳐왔다. 마음속에 단단히 여며놓았던 경계심의 자물쇠가 사르르 풀렸다. 연극 〈욕망이라는 이름의 전차〉에서 블랑쉬의 대사가 생각났다. "낯선 이의 친절로 살아간다." 이 길이 내가 예상했던 것처럼 홀로 떠도는 고독한 길이 아니라 '낯선 이의 친절'로 하루하루를 이어가는 여정이 될지도 모르겠다는 예감이 희미하게 떠올랐다.

식사를 마치고 사람들을 따라 저녁 8시에 열리는 순례자들을 위한 미사에 갔다. 긴 여정을 시작하는 순례자를 축복해주는 이 미사는 시작된 지 8백 년이 넘었다고 한다. 스페인 신부들이 베푸는 미사를 알아들을 수는 없었지만 왠지 낯선 언어의 축복을 다 이해할 것 같은 심정이었다. 나중에 만난 한 친구는 이 미사를 언급하면서 "이 여행이 관광이 아니라 순례라는 걸 깨우쳐주는 의례 같았다"고 말하기도 했다.

사제의 강론과 기도를 들으면서 내 귀에 들어오는 단어는 딱 하나 '카미노'였다. 여러 차례 반복되는 '카미노'라는 단어를 마음속으로 따라 짚다가, 갑자기 사제가 뭔가를 암시하는 것만 같다는 느낌에 사로잡혔다. 어쩌면 내가 가려는 곳은 산티아고가 아니라 길 그 자체, '카미노'일지도 모르겠다. 목표가 무엇이냐고 초조하게 스스로를 다그칠 필요가 있을까. 어느 한곳에 도착하는 게 목표가 아니라 '카미노'로 상징되는 과정 그 자체를 즐기는 일. 서울에선 그토록 어렵게만 느껴졌던 '과정을 사는 삶'을 여기선 한번 시도해볼 수 있지 않을까. 딱 하루밖에 지나지 않았지만 여기 오길 잘한 것 같다는 생각이 슬며시 들기 시작했다.

성당을 빠져나올 때 마리가 뒤에서 나를 부르더니 "정말 괜찮겠냐?"고 다시 물었다. 손을 마주 잡으며 진심으로 고맙다고 인사한 뒤 헤어졌다. 알베르게로 돌아가는데 누군가 옆을 스쳐 지나가며 "올라, 페레그리나(Ola, Peregrina)" 하고 인사를 건넸다. 안녕, 순례자여. 빙그레 웃었다. 조금 전까지만 해도 '순례자'라고 불리는 게 낯설었다. 진지한 추구가 없는 내가 무슨 순례자라고. 그러나 불과 하루 걸었을 뿐이지만, 카미노에선 순례자가 안 되려야 안 될 수가 없었다. 사방이 '순례자를 위한 숙소', '순례자를 위한 메뉴', '순례자를 위한 미사'였다. 끊임없이 '순례자'라고 불리는 데 대한 저항감은 약간 누그러졌다.

여전히 낯설긴 해도 순례가 뭐 별거일까 싶다. 몸과 마음 모두 어딘가에 도착하려 안달하는 대신 길 그 자체를 목표로 삼아 걸어보면 되는 것을. 어두컴컴하고 눅눅한 알베르게에 다시 발을 들여놓을 땐, 아는 사람이 없는데도 마치 비공식적인 순례자의 공동체에 들어서는 기분이었다.

오전 7시. 사방에서 부스럭거리며 짐을 싸는 기척에 잠이 깼다. 계속 보슬비가 내렸다. 떠날 채비를 마친 사람들이 몇 명씩 짝을 지어 출발했다. 마이클도 두어 사람과 한 팀이 되어 손을 흔들며 먼저 떠났다. 한 한국 청년은 이탈리아, 영국에서 온 사람들과 일행이 되어 같이 짐을 꾸리고 있었다.

어디 보자, 나는 누구랑 가지? 내 옆 침대에서 요란하게 코를 골

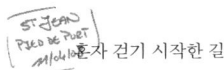
혼자 걷기 시작한 길

카미노를 걷다 보면 한쪽엔 포도밭, 다른 한쪽엔 밀밭, 눈앞은 온통 흰구름인 풍경을 종종 만나게 된다.

던 독일 언니? 아, 좀 별론데……. 근사한 사람 어디 없나……. 나도 모르게 그런 궁리를 하다 피식 웃었다. 겨우 하루 지났을 뿐인데 벌써부터 관계 맺을 대상을 고르려 하다니. 그것보다 길 위의 만남을 계획하고 통제하려는 내 발상 자체가 우스웠다. 내가 속한 환경에서 익숙했던 오래된 습관 때문일 것이다. 가볍게 스스로를 비웃어주고 다시 혼자 떠나기 위해 배낭을 둘러멨다.

배낭 위로 판초를 뒤집어쓰는 게 잘 안 돼 나이가 지긋한 여성 자원봉사자에게 도움을 청했다. 그녀가 뒤에서 판초를 끌어내려 배낭을 덮어주면서 혼자 가느냐고 물었다. 그렇다고 했더니 격려하듯 배낭을 툭툭 두드리며 인사를 건넸다.

"이 길은 처음엔 혼자 시작해도 거의 항상 다른 사람들과 함께 끝나게 되는 길이에요. 행운을 빌어요. 부엔, 카미노!(Buen, Camino!)"

'멋진 여행이 되길!' 앞으로 어떤 일을 겪을지 전혀 알 수 없었지만, 묘한 설렘을 안고 비가 내리는 길 위로 발을 내디뎠다.

내 여행은 이렇게 시작되었다.

2008년 4월 11일부터 5월 14일까지 34일간 카미노를 걸었다. 눈 덮인 피레네에서 숨이 턱턱 막히는 땡볕의 평원까지, 다른 여행에선 겪을 수 없는 방식으로 사계절을 체험했다. 오래 혼자 걸었고, 많은 사람들을 만나고 헤어졌다. 도중에 들른 한 알베르게의 방명록에 어느 한국인이 적어둔 글귀가 생각난다.

"혼자이면서도 함께이고, 함께이면서도 혼자인 길."

나보다 앞서 카미노를 걸었던 그 순례자처럼 나도 '홀로 그리고 함께' 이 길을 걸었다. 출발할 때 '한쪽 방향으로 쭉 뻗은 길' 이상의 의미를 갖지 못했던 추상적인 공간은 사람들과의 만남과 길 위에서의 경험을 통해 구체적인 기억이 담긴 장소가 되었다.

카미노에서 만난 사람들은 이십대부터 육십대까지 다양했지만 국적이나 나이, 직업, 성별에 상관없이 모두가 동등한 순례자였다. 혼자 걷다 마음의 짐을 감당 못해 비틀거리던 날, 우연히 만난 낯선 사람의 미소는 절망적인 시간을 예상치 못했던 위로의 순간으로 바꾸어주었다. 어떤 날은 '순례'에 걸맞지 않게 사람들과 어울려 왁자지껄한 파티를 벌였지만 그것 역시 카미노의 다양한 얼굴 중 하나이리라.

낯선 사람들과 섞이는 경험은 마치 여러 개의 거울을 통해 나를 들여다보는 것 같기도 했다. 수치스러워 떠올리고 싶지 않은 일면이 적나라하게 드러나기도 했고, 스스로를 꽤 좋아할 만한 사람으로 여길 수 있던 순간도 겪었다. 절친한 친구에게도 털어놓기 어려운 이야기가 낯선 이들 앞에선 술술 풀려 나왔다. 지루하고 서툰 내 이야기를 인내심 있게 듣고 등을 토닥여준 낯선 사람들의 호의를 직접 되갚지 못한 적도 많았다. 대신 나도 비슷한 상황에 처했을 때 다른 이들에게 조촐한 위로라도 전하려고 애썼다. 카미노에서 맨 처음 만난 순례자였던 마이클이 "나 대신 다른 사람들에게 커피를 사라"고 했던 말이 실현되던 순간이었다.

카미노 중반을 넘어설 즈음부터 사람들을 만나고 잠자리에 들 때마다 아주 오래전에 읽었던 시의 한 구절이 입 안에서 맴돌았다. 대학 1학년 때 친구가 선물해준 엘뤼아르(Paul Éluard)의 시집 《이곳에 살기 위하여》의 한 구절.

"나 홀로 있는 곳에서 나는 많은 사람들을 만나며, 나의 근심은 가벼운 웃음으로 깨어진다."

이 여행이 내게 어떤 것이었는지를 이보다 더 잘 표현해주는 시구도 없으리라. '가벼운 웃음으로 근심이 깨어지는' 반복적 경험을 통해 나도 마음을 열고 길이 선물하는 우연한 만남을 기꺼이 받아안았다. 어디 온전히 '나뿐인 나'가 가능하기나 할까. 개별적 존재라고 생각하는 '나'는 사실은 수많은 관계의 교차점이자 흔적들의 중첩일 것이다. 카미노에서도 마찬가지였다. 그러므로 카미노에서 만난 사람들에 대한 기록인 이 글은 동시에 낯선 곳에서 만난 나 자신에 대한 기록이기도 하다.

마음의 문 열기

씩씩한 한국 아이들

너는 여행자의 집이다
하루도 빠짐없이, 낯선 이들이 드나드는 여행자의 집
즐거움, 우울함, 비열함, 순간의 깨달음이
기다리지 않은 손님처럼 찾아온다
그 모두를 반갑게 맞이하라

잘랄 앗 딘 루미, 〈여행자의 집〉

산티아고 데 콤포스텔라
몬테 델 고소
아르수아
브레아
카사노바 마토
포르토마린
사리아
오세브레이로
트리아카스텔라
비야프랑카 델 비에르소
루이테랑
라바날 델 카미노
몰리나세카
아스토르가
비야당고스 델 파라모
사아군
레온
캐리온 데 로스 콘데스
테라디요스
프로미스타
카스트로헤리스
부르고스
오르니요스 델 카미노
아헤스
벨로라도
산토 도밍고
나헤라
로그로뇨
비아나
로스 아르코스
에스테야
푸엔테 라 레이나
팜플로나
주비리
론세스바예스
생장피에드포르

'소시지 기계'의 뉘우침

"아, 도저히 더는 안 되겠다."

배낭을 벗어 땅바닥에 패대기치듯 집어 던지고 털썩 주저앉았다. 아침에 내린 비가 덜 말라 길가의 풀숲이 축축했지만 아랑곳하지 않았다.

카미노를 걷기 시작한 지 이틀째 날. 첫날처럼 거의 1시간에 한 번꼴로 멈춰 섰다. 이번엔 발에 바셀린을 바르기 위해서가 아니라 배낭끈이 어깨를 파고드는 것처럼 아파서다. 첫날은 눈 덮인 산을 탈출하느라 정신이 팔려 몰랐는데 둘째 날부터 배낭이 고역이었다. 지나쳐가는 사람들을 부러운 눈으로 바라보았다. 집채만 한 배낭을 지고 성큼성큼 잘도 걷는다. 그들에 비하면 내 배낭은 어린애 것만 하다. 물과 빵, 여권과 지갑이 든 보조 가방까지 다 합해봤자 8킬로그램도 안 될 것이다. 그것조차 감당 못해 절절매다니.

출발하기 전 나는 배낭 무게를 줄이는 일이 삶의 무게를 줄이는 과정이라고 생각했다. 사는 일에 가벼워지고 싶었다. 욕구를 최저 수준으로 줄이며 배낭을 가볍게 하고 걷는 경험은 생활에 대한 초연함을 키우는 과정이 될 거라고 흐뭇하게 상상했다. 그런데 겨우 이틀 만에 길바닥에 주저앉아 배낭 때문에 끝까지 가긴 틀렸다고 낙담 중이었다. 허약한 몰골이 너무 일찍 드러나 당황스럽기까지 했는데…….

이 모든 자책이 사실은 꽤 엉뚱한 삽질이라는 걸 나중에서야 알왔다. 배낭 메는 방법이 잘못돼 어깨가 그렇게 심하게 아팠던 거였다. 나중에 만난 영국 할아버지가 내가 허덕이는 걸 유심히 보더니 "배낭을 왜 그렇게 멨어?" 하면서 배낭끈을 조정해줬다.

골반 위쪽에 허리끈을 묶고 엉덩이가 배낭의 무게를 지탱하게 해야 하는데 나는 허리끈을 골반 뼈에 맞춰 묶었다. 배낭을 그렇게 아래로 쑥 내려 멨으니 돌덩이를 매단 듯 어깨가 아플 수밖에. 그걸 알 때까지 일주일이 넘도록 나는 어깨의 통증을 느낄 때마다 계속 스스로의 나약함을 탓했다. 문제 파악이 잘못되면 반성도 엉뚱한 길을 헤매는 법이다.

길가에 시무룩하게 앉아 있는데 젊은 동양 여자가 걸어왔다. 내 쪽으로 다가오기에 "한국에서 왔어요?" 하고 물었더니 그렇단다. 그녀가 내 옆에 힘겹게 배낭을 내려놓더니 얼마나 더 가야 마을이 나오는지 아느냐고 물었다. 배낭 탓에 시작된 엉뚱한 자책에 우울한 터라 대답이 심드렁하게 튀어나왔다.

"잘 모르겠는데요. 난 지금 여기가 어딘지도 몰라요."

얼핏 보니 그녀의 배낭은 내 것의 1.5배만 하다. '보아하니 댁도 괴롭겠군' 싶다. 내 성의 없는 대답에 무안했던지 그녀는 잠시 말없이 서 있다 다시 배낭을 짊어지고 길을 떠났다. 통성명은커녕 배배 꼬인 심사를 낯선 사람에게 드러낸 것 같아 미안했지만, 내 대답은 사실이었다. 내가 어디를 걷고 있고 여기에 뭐가 있는지, 길가엔 어떤 꽃들이 피었고 길의 모양은 어떤지 전혀 주의를 기울이지 않앉다. 어깨의 통증에 짓눌려 고개를 푹 수그리고 걸으면서 지겨운 하루치 보행이 어서 끝나기만을 바랐을 뿐이다.

비 내린 직후의 산길은 진창이다. 그렇지 않아도 무거운 중등산화에 진흙이 달라붙어 걸음을 떼기도 고역이다. 내가 도대체 이 짓을 왜 하나 하는 물음이 밀린 숙제처럼 고개를 쳐든다. 다시 들여다본 내 안은 여전히 공허하기만 했다.

도중에 널따란 바위를 만나 배낭을 내려놓고 샌드위치로 점심을 먹었다. 한 중년 아저씨가 내 옆에 걸터앉더니 자기도 배낭에서 빵과 햄, 사과를 주섬주섬 꺼냈다. 독일 베를린에서 온 여행자였다. 하페 케르켈링의 순례기를 읽은 뒤 트레킹 삼아 걸어보려고 카미노에 왔단다. 별 관심 없이 "아, 그러세요" 하고 무성의하게 고개를 끄덕이며 땡볕 아래서 팍팍한 빵을 씹었다.

아저씨가 "저 젊은 미국인들은 참 근사해" 하고 가리키는 쪽을 바라보니 마이클이 사람들과 다정하게 이야기를 주고받으며 걸어가고 있었다. 날씬하고 눈에 띄게 가슴이 큰 금발머리 아가씨가 여왕처럼 가운데 걷고 양옆으로 마이클과 또 다른 서양 남자가 동행이다. 날렵한 테의 선글라스를 끼고 소풍이라도 나온 양 가벼운 걸음새다. 숲 속으로 경쾌하게 사라지는 그들의 뒷모습을 보니까 괜히 심통이 났다. '길도 좁구먼 뭐 저렇게 딱 붙어 간담. 하여간 남자들이라고는……' 뭐가 그리도 즐거운지 침을 튀기며 떠드는 독일 아저씨의 불룩 튀어나온 배를 흘낏 쳐다보고 "먼저 갈게요" 하고 일어났다.

그도 동행이 필요했던 모양이다. 아쉬운 표정으로 "먼저 가. 곧 따라잡을게" 한다. 속으로 '빨리 걸어야 할 이유가 생겼군' 생각했다. 그런데 이 아저씨, 한술 더 떠 배낭 메는 걸 도와준답시고 바닥의 내 배낭을 번쩍 들더니만 갑자기 애개개 하는 표정이 되었다.

"이건 거의 피크닉 배낭이잖아! 왜 이렇게 가벼워? 메고 뛰어가도 되겠네!"

이 아저씨가 누굴 놀리나……. 자기 배낭은 15킬로그램이 넘는데 한번 들어보라고 자꾸 권하는 그에게 최대한 사무적인 표정을 지어 보이며, 아, 됐다고, 그럼 이만 간다고 인사하고 돌아섰다.

괜히 부아가 났다. '하필이면 뭐 저런 사람을 만난담. 그 덩치에 15킬로그램 못 메면 이상한 거지 자랑은 무슨. 재수가 없으려니까, 원…….' 동시에 혼자 있고 싶다면서 은근히 동행하는 사람들을 시샘하고, 겉보기에 근사한 사람을 길동무로 가려 고르려는 내 황당한 심사에 잠깐 어지러워졌다. 내 머리를 한 대 쥐어박았다.

오후 3시가 넘어 주비리(Zubiri)라는 작은 마을에 도착했다. 인적이 드문 골목에 들어서는데 마을 초입의 알베르게 앞에서 반가운 얼굴이 눈에 띄었다. 전날 만났던 마리와 피터 부부가 등산화의 진흙을 씻어내고 있었다. 뭘 더 생각할 것도 없이 손을 흔드는 마

주비리로 들어가는 돌다리

리를 따라 알베르게로 들어갔다. 샤워를 마치고 나오니 도중에 만났던 한국 여자가 와 있다. 내 침대 옆에 자리를 잡은 모양이었다.

"우리 이 먼 데서 만났는데 서로 이름이라도 알죠."

그녀가 먼저 손을 내밀었다. 멋쩍게 웃으며 마주 잡았다. 서울에서 온 현주. 연초에 TV에서 방영한 카미노 다큐멘터리를 보고 한 달 휴가를 내어 걸으러 왔다고 한다. 현주는 알베르게의 낯선 사람들에게 말을 걸고 이야기를 이어가는 데 거침이 없다. 영어 발음이 아주 좋아 옆에서 말하기가 은근히 위축될 정도다.

작은 동네를 혼자 한 바퀴 돌아 구경하고 오는 길에 멀리서 현주가 뚱뚱한 독일 청년과 함께 산보하는 게 보였다. 따라가서 같이 저녁을 먹자고 청할까 하다가 관뒀다. 겉모습만 보고 저 사람은 어떨까 판단하려 드는 내 태도에 스스로도 약간 질려 있는 터였다.

알베르게 주인이 알려준 식당에 들어섰다. 사방에 무리를 지어 앉아 떠드는 사람들 사이에 혼자 자리를 잡으려니 머쓱했다. 이해할 수 없는 스페인어가 잔뜩 적힌 메뉴를 열심히 들여다보는 척하는데 누군가가 다가와 날 불렀다. 마리였다.

"혼자 왔어요? 괜찮으면 저쪽 테이블에 의자를 하나 더 갖다 놓고 합석하지 그래?"

기다렸다는 듯 벌떡 일어나 마리를 따라갔다. 테이블에 둘러앉은 사람은 마리 부부와 남아프리카 공화국에서 함께 온 할머니 네 명, 그리고 프랑스에서 온 중년 부부. 모두 서로 초면이었다. 마리 부부를 제외한 나머지 사람들은 이날 이 마을에 오후 6시가 넘어 도착했다고 한다. 힘이 들어 자주 쉬며 걷느라 그리 됐다면서 아름다웠던 구간, 길에 관련된 옛날이야기들을 신이 나서 주고받았.

맞은편의 프랑스 아저씨는 론세스바예스를 떠나 처음 만난 마을인 바르게테(Barguette)가 무척 마음에 들었다고 한다. 바스크 지역의 마을들이 역시 예쁘다고 감탄하는데, 난 도대체 내가 지나친 마을들의 이름이 뭔지도 모르고 있었다. 내 옆에 앉아 있던 남아공 할머니는 도중에 보았던 순례자의 무덤 이야기를 꺼냈다.

"처음엔 안됐다고 생각했어요. 그런데 생애 마지막 순간을 침대에 누워서가 아니라 길 위에서 맞이했구나 하고 바라보니 오히려 부러워지던걸요."

동의하는 척 고개를 끄덕이면서 속으로 뜨끔했다. 난 그런 무덤이 있는 줄도 몰랐는데……. 얼굴이 화끈거리기 시작했다. 내가 걸으면서 본 것은 무엇일까. 오직 나 자신뿐이다. 내 자책, 내 후회, 내 불안……. '텅 빈 소시지 기계' 같은 내 속만 들여다보려고 길을 떠난 것은 아니지 않은가.

영국 철학자 버트란드 러셀(Bertrand Russell)은 자신 앞에 펼쳐진 세계에서 눈을 돌려 공허한 내면만 바라볼 때 빠지기 쉬운 위험을 소시지 기계의 비유를 들어 경고한 바 있다.

옛날에 두 대의 소시지 기계가 있었다. 한 대는 열심히 돼지고기를 받아들여 소시지를 만들었지만 다른 한 대는 "돼지가 나한테 무슨 소용이람" 하는 생각으로 돼지에 대한 관심을 끊고 자기 내부를 연구하기 시작했다. 연구를 하면 할수록 내부는 더 공허하고 어리석어 보였다. 결국 이 기계는 자신이 무엇을 할 수 있는지 짐작조차 할 수 없게 되어버렸다.

낯선 풍경과 사람들, 세상의 무수한 사건들은 내가 관심을 기울일 때에만 내 경험이 될 것이다. 여기서 뭔가 겪고 싶다면 근사한 풍경과 만남, 사건이 날 찾아와주기를 기대하기 이전에 우선 나 자신으로부터 바깥으로 눈을 돌릴 줄 알아야 하지 않을까.

민망한 속에 꾸역꾸역 닭고기를 밀어 넣던 내게 마리가 부탁을 하나 들어줄 수 있느냐고 말을 건넸다.

"우리는 시간이 없어 내일 팜플로나(Pamplona)까지만 걷고 집에 돌아가야 돼요. 나중에 다시 오고 싶은데……. 산티아고에 도착하면 여행이 어땠는지, 나한테 메일을 보내줄 수 있어요?"

마리에게 텅 빈 내 안만 들여다보느라 어디에서 뭘 보았는지도 몰랐노라고 메일을 쓸 순 없지. 꼭 그러겠다고 힘주어 말하며 고개를 끄덕였다.

머리 냄새 나는 아이

오전 7시. 다시 출발이다. 마리 부부가 손을 흔들며 나가는데 배낭도 없이 단출한 차림이었다.

"어? 배낭은요?"

"택시로 다음 마을까지 부칠 거예요. 배낭 무게에 자꾸 신경을 쓰면 걷는 걸 즐길 수가 없으니까."

미리 예약하고 7유로를 넣은 봉투를 배낭에 매달아 숙소에 놓아두면 다음 마을의 알베르게까지 배낭을 배달해주는 택시 서비스가 있다고 알려준다. 귀가 솔깃했다. 나보다 더 귀가 솔깃했던 사람은 현주였다. 옆에서 그 말을 듣자마자 "언니, 이렇게 하면 어때요?" 하고 제안했다.

"무거운 짐을 한 배낭에 모아 넣어 부치고 물과 먹을 것만 넣은 가벼운 배낭 하나를 나랑 교대로 메고 갈래요? 1인당 3.5유로만 내면 되잖아요."

배낭을 메지 않고 걷는 게 어쩐지 좀 반칙 같았지만 전날 배낭 때문에 괴로웠던 게 떠올라 그러자고 했다. 부칠 배낭을 꾸리는데 현주의 배낭에서 나오는 짐이 끝도 없다. 화장대 위를 그냥 싹 쓸어 담았는지 큼지막한 화장품 병이 줄줄이 나왔다. 신발도 샤워장용 슬리퍼 말고 트레킹용 샌들이 또 있다. "아주 그냥 한 살림 차려왔구나" 하고 피식 웃었다. 현주가 "언니, 그건 아무것도 아냐. 이거 봐" 하더니 배낭 바닥에서 금색 플랫 슈즈를 꺼내 보여주며 까르르 웃었다.

가벼운 배낭 하나를 교대로 메며 팜플로나까지 걷는 길은 수월했다. 삼십대 초반인 현주는 미국에서 대학을 나오고 재미교포와 결혼했다. IT업체에 근무하는데 고만고만한 쳇바퀴를 도는 일에 회의가 들어 사는 일을 다시 생각해보고 싶었다고 한다. 스스로 가장 잘하는 일을 생각해보니 영어이고, 그와 관련된 자기 사업을 해보고 싶다면서 이런 저런 계획을 이야기하는 품새가 다부지고 당찼다.

현주는 사교육을 받을 형편이 안 되는 가난한 집 아이들에게 주말마다 무료로 영어를 가르치고 있다. 가르치는 일에 대한 경험을 늘리는 것도 목표이지만 그것보다는 공교육에 영향을 끼치는 일을 해보고 싶다고 했다.

"언니, 사실 영어는 학문이 아니라 기술이잖아요. 그런데 몰입교육이다 뭐다 하면서 영어가 직업과 기회를 좌우하는 기준이 되는 게 너무 웃겨요. 난 그런 걸 바꿔보고 싶어."

정말 좋은 생각이라고 맞장구를 치는데 현주가 내게 물었다.

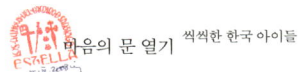
마음의 문 열기 _씩씩한 한국 아이들_

"근데 언니는 여기 왜 왔어요?"

"글쎄…… 그냥 뭐……."

"어젯밤에 언니 잠꼬대 심하게 한 거 알아요? 화난 목소리로 막 뭐라 하더라고."

"……."

사나운 꿈을 꿨다. 내가 가까운 사람들을 향해 이유 없이 분노를 터뜨리는 꿈이었다. 나로부터 달아나고 싶었는데 여전한 내 불안, 두려움은 무의식에 잠복해 끈질기게 나를 따라다닌다. 현주에게 민망하고 스스로가 답답했다.

도중에 한국 아가씨들 한 팀을 만났다. 한 마을에서 자란 시영, 명진과 라연. 세계 배낭여행 중에 카미노를 걸으러 온 아이들이었다. 스스럼없는 현주가 같이 가자고 이끌어 이들과 5일간 함께 걷고 같은 숙소에 머무는 생활이 시작됐다.

팜플로나 길거리.
카미노에서 처음 만나는 대도시다.

아이들과 함께 도착한 팜플로나는 카미노에서 처음 만나는 큰 도시다. 카미노 순례를 여기서 시작하는 사람들도 꽤 많다. 다시 비가 내리기 시작한 거리를 슬리퍼를 신고 쏘다녔다. 으슬으슬해진 날씨에 벌벌 떨면서 식당에 뛰어 들어갔다. 이 도시의 식당에도 예외 없이 '순례자를 위한 메뉴'가 있다. 어느 곳에서든 '순례자를 위한 메뉴'를 주문하면 와인 한 병이 꼭 따라 나온다.

대학생인 라연이는 아직 얼굴에 솜털이 뽀송뽀송한 십대 같다. 알베르게에서 팬티만 입고 돌아다니는 서양 남자들을 보면 화들짝 놀라 달아난다. 시영과 명진이는 직장을 그만두고 여행에 나섰다. 아이들은 말레이시아에 있다가 네팔에 들른 뒤 카미노를 걷는 것으로 유럽 여행을 시작한다고 했다. 여행을 마치고 한국에 돌아가면 다시 일을 하고 돈을 모아서 또 여행을 떠날 거라고 한다.

"한참 나중에 더 나이 들었을 때를 생각하면 불안하지 않아?"

시영이가 대수롭지 않다는 투로 대답했다.

"뭐 불안해한다고 해결되는 것도 없더라고요. 큰 욕심 안 내면 내가 하고 싶은 거 하면서 살 수 있겠죠."

네가 나보다 낫구나, 싶다. 이후로도 카미노에서 마주친 한국 사람들 중엔 직장을 그만두고 온 이십대 후반, 삼십대 초반의 싱글 여성들이 유난히 많았다. 한번은 혼자서 산티아고까지 걸어갔다가 출발지로 다시 걸어 돌아오던 한국 여성을 만난 적도 있다.

그들의 결단이 놀랍고 부러웠다. 그 나이 때 나도 늘 어딘가로 떠나고 싶었지만 현실에선 내 존재를 증명하려 안달한 기억밖에 없다. 어쩌면 그때 진작 겪었어야 할 성인의 성장통을 제대로 치러 내지 못한 탓에 '난 뭘 하고 싶지?' 같은 질문을 여태 품고 있는 건지도 모르겠다.

팜플로나를 떠나던 넷째 날 아침에도 하늘이 흐렸다. 함께 걷는 아이들 몸 상태가 좋지 않았다. 현주는 무릎이 아프고 명진이는 허리가 아파 고생이다. 무릎 통증으로 괴로워하던 현주는 도저히 못 걷겠다면서 버스를 타러 갔다.

카미노는 평탄한 길로 알려져 있으나 결코 쉽지 않은 길이다. 고도 1400여 미터의 산을 첫날부터 넘어야 하고 내리 산길이 이어진다. 포장도로를 걷기도 하지만 대체로 자갈길이다. 이후에도 별다른 준비 없이 온 사람들이 무릎과 발목을 다쳐 고생하거나 중도에 걷기를 포기하는 걸 종종 봤다.

카미노를 걷기 위해 가장 중요한 준비는 체력과 열린 마음이다. 초반에 아이들은 몸이 아파 고생하고, 나는 폐쇄적인 마음 때문에 편치 않았다. 돌이켜보기 낯 뜨겁지만, 내가 얼마나 인색한 사람인지를 이날 아이들과 함께 걸으며 절감했다.

페르돈(Perdon) 고개를 올라갈 때의 일이었다. 다시 비가 내렸다. 며칠 내리 온 비로 언덕길이 진창이었다. 신발에 진흙이 달라붙어 무겁고 발이 쭉쭉 미끄러졌다. 마운틴 폴이 없으면 중심을 잡기도 어려웠다. 비옷을 입은 채 양손에 마운틴 폴을 쥐고 앞서 언덕을 오르다 뒤를 돌아보았다. 아이들이 진창길을 힘겹게 올라오고 있었다. 마운틴 폴이나 나무 지팡이를 가진 사람은 아무도 없었다.

다시 앞장서 걸으면서 슬슬 뒷골이 당기기 시작했다. 내 마운틴 폴 하나를 빌려줘야 하나……. 그래야 할 것 같은데, 솔직히 말하면 내 걸 하나 빌려주고 마운틴 폴 한 개에 의지해 걸으면 불편할 것 같아 선뜻 마음이 내키지 않았다. 그렇다고 허리 아픈 아이가 힘겹게 걷는 걸 모른 체할 수도 없고……. 무슨 대단한 사익과 공익 사이에서 갈등하는 것도 아닌데 이런 사소한 일로 어떻게 할까 망설이는 상황도 짜증이 났다. '에잇, 혼자 갈 걸 그랬다. 괜히 같이 걸어가지고……, 도대체 왜 저렇게 아무 준비도 없이 온 거야!'

짜증이 눈덩이처럼 불어나기 시작했다. 아이들은 불평 한마디 없는데 괜히 나 혼자 점점 늘어나는 갈등을 견디다 못해 급기야 뒤를 홱 돌아보며 마운틴 폴 하나를 내밀었다.

"자, 이거 써!"

힘겹게 걷던 아이가 무슨 일이냐는 듯 나를 바라보며 느린 어조로 대답했다.

"어? 괜찮은데요?"

내 눈엔 전혀 괜찮아 보이지 않는다. 그러지 말고 받으라고 다시 말해야 했건만……. 무뚝뚝하게 "그래?" 하고 다시 돌아서서 걷기 시작했다. 어쨌건 나는 호의를 베풀려 시도는 했다고. 안 받은 건 아이들이니 내가 인정머리 없는 사람은 아닌 거지……. 그렇게 합리화를 하면서도 여전히 마음 한구석이 켕겼다.

사실 마운틴 폴을 내민 것도 정말 아이들을 걱정해서라기보다 내 마음이 불편해서 그랬던 게 아닌가. 론세스바예스에서 잘 알지도 못하는 나에게 "내 방 욕조를 쓰라"며 열쇠를 내밀던 마리가 떠올라 혼자 얼굴이 붉어졌다.

난 참 인색한 사람이로구나……. 평소 남에게 신세 지기 싫어 아쉬운 소리를 잘 못하는데, 그만큼 남이 내게 신세 지는 상황도 싫어한다는 걸 깨달았다. 첫날 낯선 사람들에게 어렴풋이 느꼈던 연대감도 얄팍한 감상에 불과해 보이기 시작했다. 남이 잘해주니까 좋았던 거지, 내가 뭘 해줘야 한다고 느끼는 상황이 되니 '연대감'은 무슨…….

아이들을 향해 터졌던 짜증이 이젠 나 자신을 과녁 삼아 점점 늘어나기 시작했다. 그러거나 말거나 아이들은 마운틴 폴 따윈 괘념치 않는 눈치였다. 페르돈 고개 위에 올라 정상의 순례자 동상을 보는 순간 탄성을 터뜨리며 카메라를 꺼내 사진을 찍기 바빴다. 어정쩡하게 섞여 들어가 대충 사진 몇 장 찍고 서둘러 내려왔다.

아이들과 걷는 속도가 달라 다시 앞서 혼자 걸으면서, 하페 케르켈링이 "순례 여행은 적어도 시작만큼은 혼자여야 한다"고 했던 말을 떠올렸다. 무슨 말인지 조금은 이해할 수 있을 것 같았다. 그는

페르돈 고개 정상의 순례자 동상

"많은 사람들이 잘못된 속도로 칭얼대며 함께 걷다가 서로를 증오하게 된다"고 썼는데, 조금 전의 상태가 지속되면 속 좁은 내가 사소한 일에 또 무슨 과민 반응을 보이게 될지 몰랐다.

어쨌거나 낯선 여행지에서 우연히 만난 낯선 사람들이었다. 게다가 편안한 교통수단에 길든 신체에 꽤나 만만치 않은 도전인 도보 여행의 긴장이 아직 풀어지지 않은 상태다. 설레는 마음 못지않게 불안함도 컸다. 함께 걷는 게 안심이 되는 꼭 그만큼 낯선 존재가 너무 가까이 있는 데 대한 불편함, 무던하지 못한 스스로에 대한 짜증도 뒤따랐다. 무엇을 발견하기 이전에 일단 매일 20~30킬로미터를 걷는 일과에 몸과 마음이 익숙해져야 했다. 아이들에게 나는 편안한 존재일까, 문득 궁금해졌다.

우울한 마음에 아이들과 별 이야기도 하지 않고 푸엔테 라 레이나(Puente la Reina)에 들어선 것은 오후 5시. 버스를 타고 먼저 온 현주와 미리 만나기로 약속해둔 알베르게에 짐을 풀고 샤워장에 갔는데 '재난'이 발생했다.

편집증 환자처럼 짐 줄이기에 집착했던 나는 세면용품도 비누, 샴푸 대신 일회용 종이비누 30장이 든 미니 비누 캡을 가져왔다. 얇고 잘 안 떨어지는 종이비누는 마른 엄지와 집게손가락으로 약간 비비듯 하며 낱장을 떼어 꺼내야 한다. 그런데 지치고 우울한 상태에서 별 생각 없이 샤워 도중 젖은 손으로 한 장을 꺼내려다 그만 남은 종이비누가 전부 뭉개져버린 거였다. 더 가져온 비누도, 샴푸도 없다. 비좁고 바닥이 지저분한 샤워실 안에서 허둥지둥 하다 보니 겨우 가라앉혔던 짜증이 다시 치밀었다.

씻고 나와 보니 이번엔 열흘은 쓸 거라고 계산했던 스킨과 로션 샘플이 4일 만에 다 떨어진 걸 발견했다. 배낭 무게를 줄이기 위해 내가 선택한 방법은 우체국을 보급기지로 삼는 것이었다. 보급용 소포를 따로 꾸려 일주일쯤 걸어가면 나올 마을의 우체국에 미리 부치고, 그 마을에 도착하면 필요한 만큼 물건을 꺼낸 뒤 다시 앞 마을 우체국에 계속 소포를 부치는 방식이다.

생장피에드포르에서 보급용 소포를 부친 마을은 비아나(Viana). 세면용품 등을 찾으려면 앞으로 3일은 더 걸어가야 했다. 배낭을 뒤지며 "이게 뭐야" 하고 구시렁거리던 나를 보더니 현주가 왜 그러느냐고 물었다.

"스킨, 로션이 다 떨어졌어."

"아, 말을 하지! 내 것 써요. 남아돌아."

현주가 건네주는 로션 병을 받으며 나도 몰래 피식 웃음과 함께 말이 새어나왔다.

"비누도 없고 샴푸도 없어. 참말로……."

옆에 서 있던 시영이가 말을 받았다.

"우리 거 같이 써요. 많이 남았어요."

당장 필요하다고 말한 것도 아닌데 시영이가 배낭에서 샴푸 병을 꺼내 들고 왔다. 많이 남기는커녕 한 열흘 쓰면 떨어지게 생겼다. 낮에 그 아이들에게 마운틴 폴을 하나 빌려줄까 말까로 혼자 짜증내던 내 모습이 갑자기 눈앞에 확 떠올랐다. 민망한 마음에 비굴하게 웃으며 변명하듯 말했다.

"야……, 나 치약은 많아. 치약 떨어지면 나한테 말해."

말해놓고 나니 더 창피했다. 아이들도 웃는다. 부끄러워 그만 달아나버리고 싶었다.

아이들이 '별 준비 없이' 왔다고 내가 짜증스러워 했던 이유는 또 있었다. 아이들이 카미노를 그냥 색다른 여행지쯤으로 여기고 놀러온 것 같아 시시해 보였기 때문이다. 사실 같잖은 편견이다. 속 깊은 이야기를 나눠보지도 않았던 상태였다. 재미삼아 놀러왔다고 해도 그렇다. 그게 왜 하찮은 이유인가. 모두가 따라야 할 기준이 있는 것도 아니다. 여길 와야 마땅한 어떤 '대단한 이유'를 하나씩 갖고 있기라도 해야 하나.

인정하고 싶지 않지만, 어쩌면 나는 스스로에겐 그런 '대단한 이유'가 있다고 착각하고 있었는지도 모르겠다. '여길 왜 왔지?' 같은 질문 앞에선 여전히 쩔쩔맸으면서 말이다. 그러면서도 내가 두고 온 현실의 무게는 '너희들이 비교조차 할 수 없을 정도로 무겁다'고 짐짓 빼기기라도 하는 듯한 과대망상, 혹은 치졸한 자기 연민에 젖어 있던 것은 아니었을까. 아이들과 실없는 이야기를 주고받을 때에도 언뜻언뜻 속으로 '난 너희들과 달라' 하는 마음이 들었던 걸 부인하지 못하겠다.

어디서였는지는 잊었지만, 한 어머니가 딸아이의 머리를 감겨주며 "네가 머리 냄새 나는 아이라는 걸 잊지 말라"고 했던 말을 읽은 적이 있다. 기억나는 말은 이랬다.

"너희 반에 옷이 더럽거나 가난한 아이를 보거든, 그래서 그 아이들을 비웃는 마음이 들거든, 반드시 기억해라. 아, 참! 나는 머리

에스테야에서 로스 아르코스로 가는 길목의 포도주 저장고 외벽에는 포도주가 나오는 수도꼭지가 있다.

냄새 나는 아이지, 하고. 그러면 네가 그 아이들과 똑같다는 걸 알게 될 거야."

난 자기가 냄새나는 줄도 모르고 있던 머리 냄새 나는 아이였다. 장을 보러 시내로 나가면서 혼자 중얼거렸다.

"잊지 말자. 난 머리 냄새 나는 아이야……."

어떤 사람의 이유도 다른 사람의 이유보다 더 중요하지 않다. 카미노에서는 모두가 같은 방향을 향해 걸어가는 똑같은 순례자들일 뿐이다. 길 위에서 '치사한 나'를 발견하는 게 썩 기분 좋은 경험은 아니었다. 하지만 이 역시 길이 가져다주는 좀 난감한 선물 중의 하나일지도 몰랐다. 평소에 자각하지 못했던 흉한 모습이 불쑥 드러나더라도 그것 역시 나인 것을……, 인정하고 받아들여야 하리라.

흐르자, 길을 따라

푸엔테 라 레이나부터 에스테야(Estella), 로스 아르코스(Los Arcos), 비아나까지 아이들과 함께 묵은 알베르게에는 부엌과 취사 도구, 작은 식당이 갖춰져 있어서 계속 저녁을 만들어 먹었다.

푸엔테 라 레이나에서 끓여 먹은 중국 라면은 꿀꿀이죽 같아 먹기가 고역이었지만 갈수록 메뉴의 질이 좋아졌다. 에스테야에선 현주와 명진이가 연어 스테이크와 샐러드를 근사하게 차려냈고 로스

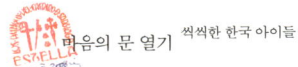

아르코스에선 시영이와 내가 스파게티를 끓였는데 제법 괜찮았다. 힘들게 걷고 있다는 자각 때문인지 점점 먹는 양이 늘어났다. 봉지에 7~8인용이라고 적힌 면을 사와 스파게티를 만들어 다섯 명이서 먹어치우고 그것도 모자라 빵을 뜯어 접시에 남은 소스까지 싹싹 닦아 먹었다.

내 세면용품은 모두 떨어졌지만 여전히 짐 무게를 늘리고 싶지 않아 비누만 달랑 하나 사고 스킨과 로션은 뻔뻔하게 계속 아이들 것을 빌려 썼다. 아침에 배낭을 꾸릴 때마다 꽤 여러 사람이 배낭 속의 짐 태반이 쓸데없는 물건들이라면서, 너무 많은 걸 짊어지고 왔다고 한탄하곤 했다. 어찌된 일인지 나는 늘 뭐가 부족했다. 너무 쫀쫀하게 짐을 싼 탓이다.

하지만 세면용품을 제외하곤 사실 없어서 아쉬운 건 별로 없었다. 티셔츠와 양말, 속옷은 매일 빨아 입었다. 두 벌을 번갈아 입은 바지도 지퍼로 아랫단만 떼어내 세탁할 수 있었다. 죄다 속건성 섬유 소재라 빨리 말랐다. 아침에 마르지 않으면 배낭 위에 옷핀으로 꽂아 주렁주렁 매달고 걷거나 다음 마을 알베르게에서 건조기에 말렸다. 없으면 정말 불편했을 필수품을 딱 세 개만 꼽는다면 가볍고 얇은 침낭, 마운틴 폴과 좋은 신발이다. 발목까지 올라오는 중등산화도 일주일쯤 걸으니 발에 익숙해져 더 이상 무겁지 않았다.

카미노가 좋은 것 중의 하나는 걷다 지칠 때쯤 되면 적당한 지점에 커피나 와인, 맥주, 간단한 요깃거리를 파는 바가 있다는 거였

나바레 지역의 2천 년 된 로마길

다. 스페인은 어딜 가나 바가 많다. 집이 열 채도 안 되는 작은 마을에도 대부분 바가 있다. 바에서 긴 빵에 햄이나 베이컨, 토마토를 넣은 보카디요 샌드위치 또는 감자와 계란을 섞어 만든 두툼한 부침개를 빵과 곁들여 내는 토르티야 콘 파타타를 먹는 게 주요 점심 메뉴였다. 끼니때가 아니어도 카페 콘 레체를 마실 겸 화장실도 쓸 겸 바에 자주 들렀다. 대부분의 바에서 크레덴시알에 찍어주는 갖가지 모양의 도장을 받는 것도 자잘한 재미였다.

카미노는 지나쳐가는 마을의 살림에 꽤 중요한 젖줄이다. 순례자들 때문에 생긴 마을들도 많다고 들었다. 그런데도 알베르게 주변의 빵집, 약국, 마켓 등 작은 가게들은 오후 2시가 되면 대략 5시 무렵까지 낮잠을 자는 시에스타를 위해 모두 문을 닫았다. 큰 도시의 대형마트나 되어야 문을 열까, 약국과 작은 가게들은 어김없었다.

알베르게에서 지내는 건 생각만큼 끔찍하진 않았다. 아이들과 함께 저녁을 만들어 먹고 시시덕거릴 땐 MT를 온 듯 가볍고 즐거운 기분이었다. 하지만 걷기 시작한 지 일주일쯤 지나고 나니 알베르게의 소음, 늘 누군가와 어울리는 상황, 지저분한 샤워장과 축축한 수건이 슬슬 지겨워지기 시작했다. 잠깐 벗어나고 싶었다. '치사한 나'에 대한 실망과 짜증으로 널뛰던 마음은 잦아들었지만, 이제 혼자 걸을 때가 된 것 같기도 했다.

일주일째 하루에 20~30킬로미터씩 걷다 보니 몸도 장거리에 익숙해졌다. 로스 아르코스에서 비아나까지의 거리는 19.5킬로미터. 서울의 한강 고수부지 여의도 지구를 출발해 올림픽 공원 평화의 문까지 가는 거리(18.4킬로미터)보다도 약간 멀다. 그런데도 하루 걸어야 할 거리가 20킬로미터 안팎이면 이제 가깝다고 생각할 정도가 되었다.

비아나의 성당과 체사레 보르자의 동상

비아나의 알베르게는 그때까지 묵은 곳 중 가장 마음에 들었다. 수도원을 개조한 듯 문이 육중하고 실내가 어둑했다. 밖에서 몰아치던 비바람 때문에 따뜻한 동굴 같은 알베르게가 안온하게 느껴졌다. 아이들과 함께 보내는 마지막 날이었다. 다음 날부터는 혼자 걷겠다고 미리 말해두었다. 사나운 날씨에 피곤했던 모양인지 아이들은 모두 곯아 떨어졌다. 난 잠이 오질 않아 발 냉찜질과 빨래까지 다하고 혼자 시내를 돌아다녔다.

마을 중앙의 산타 마리아 성당 옆을 지날 때 미끈하게 생긴 남자의 동상이 눈에 띄었다. 명판에 체사레 보르자(Cesar Borgia)라고 적혀 있다. 체사레 보르자? 시오노 나나미(鹽野七生)가 썼던 《체사레 보르자 혹은 우아한 냉혹》의 그 사람? 이탈리아 군주의 동상이 왜 여기에 있지?

마침 젊은 금발머리 커플이 팔짱을 끼고 지나쳐간다. 남자의 손에 가이드북이 들려 있기에 혹시 저 동상의 주인공이 누구인지 아느냐고 물었다. 그가 가이드북을 뒤적거렸다. 독일에서 온 순례자다. 나중에 알고 보니 순례자들이 지참한 안내서 중 자세하고 정확하기로는 독일 가이드북이 으뜸이다.

마키아벨리가 《군주론》의 모델로 삼았다던 그 체사레 보르자가 맞다. 원래 스페인 혈통이고 15세기 이 근처에서 벌어진 전투에서 사망해 산타 마리아 성당에 유해가 묻혀 있다고 한다. 작은 언덕배기 마을쯤으로 생각했던 비아나가 그 시절에는 가장 번성한 도시 중의 하나였단다.

"체사레 보르자가 잘생기고 성질은 나쁜 사람이었다고 들었는데 동상이 제법 그럴듯하네요."

남자 아이가 빙긋 웃었다. 독일에서 온 세바스찬과 이아나 커플이다. 세바스찬은 경찰이고 이아나는 생물학도다. 2주 휴가를 내어 카미노에 왔다고 한다. 독일 사람이 정말 많다고 하니까 자기는 한국 사람이 너무 많아 놀랐다며 웃었다. 아닌 게 아니라 독일인과 한국인을 빼면 카미노의 순례자가 절반으로 줄어들 것 같다. 카미노에 가장 많은 순례자를 파견한 양국의 대표선수라도 되는 듯 그와 악수를 하고 헤어졌다.

이날 저녁은 아이들과 함께하는 마지막 만찬이었다. 장을 잔뜩 봐서 돌아와 양송이버섯과 고기를 듬뿍 다져넣은 스파게티를 만들고 와인을 꽤 많이 마셨다. 한 아이는 지금까지 자신을 좋아한 적이 한 번도 없다면서 이번 여행을 통해 스스로를 좋게 생각할 수 있게 되길 바란다고 했다. 안쓰러웠다. 자기혐오의 수렁에서 나 역시 얼마나 오래 허우적거렸던가. 그 아이에게 "네가 스스로를 멸시하면 다른 사람들도 그와 똑같은 방식으로 너를 대할 것"이라고, 적정한 자존감은 선택 사항이 아니라 필수이고, 저절로 안 생기면 갖기로 결심이라도 해야 한다고 말해주었다. 술김에 호통도 쳐가며, 아이들의 남자 친구 흉도 보면서 유쾌하게 시시덕거렸다.

아침에 아이들과 작별 인사를 나누려니 울컥해졌다. 한국에 돌

아이들과 함께 걷던 구간엔 호젓한 시골길이 많았다.
폐허가 된 성당(왼쪽 위) 옆에서 낮잠을 자기도 했고, 먹구름이 사납게 낀 날(오른쪽 위)은 비가 올세라
걸음을 서둘러야 했다. 날이 화창하게 갰을 땐(아래) 4월인데도 아이스크림 생각이 절로 날 만큼 더웠다.

아가면 다시 만날 수 있겠지만 작별 인사를 해야 하는 상황은 늘 어색하고 싫다. 한국 연락처와 이메일 주소를 교환한 뒤 붉어진 눈시울이 보일세라 서둘러 인사하고 알베르게를 빠져나왔다. 우체국에 가서 세면용품을 찾고 보급용 소포를 다시 일주일 후 도착할 마을에 부친 뒤 출발했다. 길엔 아무도 없다. 다시 혼자가 되었다.

다음 마을인 로그로뇨(Logroño)에 일찌감치 도착해 곧장 호텔을 찾았다. 잘 마른 수건을 쓰고 청결한 호텔에 묵으니 살 것 같다. 몸이 편안해지기 시작하면 욕심이 점점 느는 모양이다. 슈퍼마켓에서 선크림 겸용 파운데이션도 하나 샀다.

이동의 편리를 위해 소유를 극도로 절제하는 생활을 언제까지 감당할 수 있을까. 카미노에서야 한 달 안팎이라는 걸 알고 걸으니 견디는 것이지만, 계속 이렇게 길 위에서 떠도는 삶이라면 과연 받아들일 수 있을까.

고개를 가로저었다. 자유롭게 떠도는 유목민의 기질을 한때 동경한 적도 있으나 내겐 한곳에 정착하려는 정주민의 기질이 더 강하다. 이것도 겉멋인지, 어느 것에도 얽매이지 않는 유목민의 기질이 내게 별로 없다는 걸 확인할 때면 좀 실망스러웠다. 뭘 더 갖고 싶다거나, 누군가에게 더 사랑받고 싶은 집착 따위 훌훌 털고 흐르듯 살 수 있다면 좋겠는데……. 카미노에서 그런 태도를 조금이라도 배울 수 있게 될까.

모르겠다. 하지만 분명한 것은 과거의 상처, 상실의 아픔에 묶여 마음을 닫고 있는 한, 아무리 떠돌아 다녀본들 티끌만큼도 달라지지 않을 것이라는 사실이다.

'흐르자. 마음을 열고 길을 따라 흘러가자.'

속으로 속삭였다. 통제하려 한들 소용없다. 길 위에선 사소한 일조차 뜻대로 되지 않는다는 걸 이미 자잘하게 겪어보지 않았던가.

삼십대에 사고로 전신 마비가 된 뒤 극심한 우울증, 이혼, 아내와 누나, 부모의 죽음을 차례로 겪은 미국 심리학자 대니얼 고틀립(Daniel Gottlieb)은《샘에게 보내는 편지》에서 자폐증을 앓는 외손자 샘에게 이슬람 시인 루미(Rūmī)의 시 〈여행자의 집〉을 들려준다. 기쁨과 즐거움뿐 아니라 슬픔과 우울함, 비열함이 초대하지 않은 손님처럼 찾아오더라도 그 모든 감정을 피하지 말고 "문밖까지 나가 웃으며 맞이하라"고. 이 모든 것들은 "우리가 인생이라 부르는 선물에 아로새겨진 무늬들"이기 때문이다. 그의 말마따나 정말 큰 문제는 그 모든 감정에 문을 닫아걸고 자기 안에 갇혀 제대로 '살아보지 않는 것'이다.

다음 날 아침 출발하기 전, 호텔에서 느긋하게 배낭을 꾸리다가 드디어 내 짐 안에서도 쓸데없는 물건을 발견했다. 첫날 한 번 쓰고 두 번 다시 꺼내보지도 않은 도난방지용 자물쇠 그리고 배낭 안에 들어 있다는 것조차 잊어버렸던 호루라기. 피식 웃음이 나왔다. 둘 다 길을 떠나기 전 나의 두려움과 불안을 상징하는 물건 같았다.

난 늘 스스로를 가둬놓는, 방어적이며 겁이 많은 사람이지만, 여기선 좀 달라지고 싶었다. 자물쇠와 호루라기를 손바닥 위에 올려놓고 한참 들여다보다 쓰레기통에 휙 던져 넣고 방을 나섰다.

"Je te lance depuis Saint-Jacques, vieille Europe, un cri plein d'amour, retrouve-toi, sois toi-même, découvre tes origines, ravive tes racines, revis dans ces valeurs authentiques qui rendirent ton histoire glorieuse et ta présence dans les autres continents bénéfiques. Reconstruis ton unité spirituelle dans un climat de respect total des autres religions et des vraies libertés".

Le Pape JEAN-PAUL II.

Le Président de l'Association a l'honneur de recommander à toutes les Autorités religieuses et civiles, ainsi qu'aux Autorités militaires et de la Gendarmerie, ce Pèlerin qui entreprand vers Compostelle la traditionnelle pérégrination, à la manière des anciens pèlerins, et leur demande de bien vouloir lui prêter aide et assistance en cas de besoin.

El Presidente de la Asociación solicita de todas las Autoridades eclesiásticas, Civiles y Militares que no pongan impedimento a este peregrino, en viaje de conmemorativa peregrinación a Compostela, siguiendo el "Camino de Santiago".

우리가 관계 맺는 방법

혼자가 두려운 마틴

뇌 촬영을 통한 연구 결과
내가 다른 이들로부터 배제 당하는 경험은
날카로운 흉기에 찔릴 때 느끼는 물리적 통증과 똑같답니다.
관계중독증 수준이 아닌 한
타인과 관계를 맺으려는 인간의 욕망은
생존을 위한 본능에 가깝습니다.

정혜신의 블로그, '그림에세이'

CARNET DE PÈLERIN DE SAINT-JACQUES
"Credencial del Peregrino"

délivré par
Les Amis du Chemin de Saint-Jacques
Pyrénées-Atlantiques

Camino de Santiago

- 산티아고 데 콤포스텔라
- 몬테 델 고소
- 아르수아
- 브레아
- 카사노바 마토
- 포르토마린
- 사리아
- 오세브레이로
- 트리아카스텔라
- 비아프랑카 델 비에르소
- 루이테랑
- 라바날 델 카미노
- 몰리나세카
- 아스토르가
- 비야당고스 델 파라모
- 사아군
- 레온
- 캐리온 데 로스 콘데스
- 테라디요스
- 프로미스타
- 카스트로헤리스
- 오르니요스 델 카미노
- 부르고스
- 아헤스
- 벨로라도
- 산토 도밍고
- 나헤라
- 로그로뇨
- 비아나
- 로스 아르코스
- 에스테야
- 푸엔테 라 레이나
- 팜플로나
- 주비리
- 론세스바예스
- 생장피에드포르

5개국어를 하는 '베드 호퍼'

"놀랍지 않아? 우리가 이렇게 다르면서, 또 이렇게 같다는 게 말이야!"

카미노를 걷기 시작한지 12일째 되던 날 밤이었다. 아헤스(Agès)라는 작은 마을 식당에서 처음 만난 3개국의 순례자 네 명과 함께 와인을 마시며 몇 시간째 노래를 부르던 중이었다. 저녁 식사 자리에 우연히 합석한 사람들은 네덜란드에서 온 IT 컨설턴트 마틴(45), 아일랜드에서 온 엔지니어 톰(51), 노르웨이에서 온 베아테(38)와 시리(32)였다. 나를 제외하고 이들은 이틀 전부터 함께 걷던 일행이었다.

술을 마시고 기분이 좋아지면 노래를 부르는 건 만국 공통인 모양이다. 베아테가 뮤지컬 〈사운드 오브 뮤직〉의 〈도레미 송〉을 흥얼거린 것을 시작으로 계속 비틀스, 사이먼 앤드 가펑클, 돈 맥클레인, 아바의 노래들을 줄줄이 불러댔다. 흥이 오른 베아테가 터뜨린 탄성처럼, 국적과 나이가 다른데도 누군가의 선창을 따라 합창에 성공할 때면 모두 눈이 휘둥그레지며 한껏 들떠 웃음을 터뜨렸다. 전부 십대 때 즐겨 듣던 팝송들이다. 인터넷이 없던 시절부터 세계 구석구석, 사람들 사이로 흘렀던 노래의 끈이 술자리의 낯선 이들을 하나로 묶어주었다.

뭉게뭉게 피어오른 흥이 옆 테이블로 번져 나갔다. 한 아저씨가 벌떡 일어나 〈오, 솔레 미오〉를 열창하더니만, 위스키 병을 들고 식당 안을 돌아다니며 모두에게 술을 권했다. 취기와 노래, 춤으로 떠들썩해진 파티는 새벽 1시쯤 한 사람이 앉은 자리에서 그대로 접시에 얼굴을 박으며 푹 고꾸라지는 것으로 끝이 났다.

다음 날 부르고스(Burgos)까지 22킬로미터는 무슨 정신으로 걸었는지도 모르겠다. 이 먼 곳까지 와서 그렇게 요란한 파티를 벌이게 될 줄이야……. 마음 한구석이 은근히 켕겼지만 싫진 않았다. 고독한 침잠부터 떠들썩한 파티까지, 짧은 시간 안에 농축된 경험들을 고농도로 겪을 수 있다면 뭔들 마다할소냐. 짐짓 호기를 부리며 지친 발걸음을 재촉했다.

부르고스의 대성당을 구경하고 나오던 길에 성당 앞 광장에서 간밤의 '와일드 파티' 참석자들을 다시 마주쳤다. 숙취 때문인지 죄다 얼굴이 푸석푸석하다.

부르고스 대성당과 내부 박물관의 조각품.
세계문화유산에 등록되어 있다는 이 성당은 스페인 고딕 양식의 걸작으로 손꼽힌다.

나를 보고 마틴이 반색을 하더니 시립 알베르게는 시 외곽까지 몇 킬로미터를 더 걸어 나가야 한다면서 도심의 호텔에 같이 묵자고 잡아끌었다. 성당 바로 옆의 별 세 개짜리 호텔에 60유로를 내고 각자 방을 얻었다. 알베르게로 치면 며칠 치 숙박료라 잠깐 속이 쓰렸지만 창밖으로 대성당 첨탑이 보이고 오랜만에 욕조에 몸을 푹 담그는 사치를 누린 것만으로도 밑지는 건 아니라고 생각해 버리기로 했다.

함께 어슬렁거리며 시내를 둘러본 뒤 저녁을 먹을 때였다. 마틴이 계속 내게 말을 걸자 베아테가 웃으면서 마틴을 조심하라며 놀리기 시작했다.

"이틀 전 알베르게에서 샤워장에 갈 때 보니까 마틴이 어떤 여자의 침대 옆에 앉아 말을 걸고 있었어. 샤워장에서 나올 때 보니까 이번엔 다른 여자의 침대로 옮겨가서 얘기하고 있더라고."

맞은편에서 톰이 웃으면서 거들었다.

"저 친구는 '베드 호퍼(Bed Hopper)'야. 이 침대 저 침대 뛰어다니거든."

마틴은 키득거리기만 하고, 시리가 그를 감싸고 나섰다.

"왜 그래. 사람을 좋아하니까 그런 거잖아. 길에서 만난 사람 중에 누가 궁금해지거든 마틴에게 물어보면 돼. 모르는 사람이 없거든."

마틴이 '모르는 사람이 없는' 이유는 천연덕스러운 친화력 덕분이지만 여러 나라 말에 능숙하기 때문이기도 하다. 그는 모국어를 제외하고 영어, 독일어, 이탈리아어, 스페인어를 유창하게 할 줄 안다. 내가 감탄하는 눈으로 바라보자 그는 네덜란드 사람들은 거의 다 영어, 독일어는 웬만큼 한다며 별거 아니라는 듯 말했다.

"작은 나라가 강대국 틈새에서 살아남으려면 여러 나라 말을 할 줄 알아야 하잖아."

게다가 그의 아버지는 이탈리아 출신이고 이탈리아어가 스페인어와 비슷해 이탈리아어, 스페인어도 쉽게 배웠다고 했다.

와인을 마시다 머리가 아파 바람을 쐬러 밖에 나왔는데 마틴이 따라 나와 담배에 불을 붙였다. 6주 휴가를 내어 카미노에 온 그는 열 달 전 아내가 다른 남자가 생겼다며 떠나버리는 바람에 17년 결혼 생활이 파탄 났다.

"나는 여기 오기 전엔 100미터도 제대로 걸어본 적이 없어. 완전히 '카우치 포테이토'(Couch Potato : 소파에 앉아 TV만 보는 사람)였지."

"정말? 그런데 어떻게 카미노를 걸을 생각을 다했어?"

"제일 친한 친구가 심리상담사인데 그 친구가 추천해서 온 거야. 나는 이런 길이 있는 줄도 몰랐어."

"그 친구는 왜 여길 추천했는데?"

"와이프랑 헤어질 때 너무 힘들어서 그 친구를 자주 찾아갔거든. 제일 두려운 게 뭐냐고 묻기에 혼자 있는 거라고 했지. 난 혼자 있으면 고립된 것 같아서 싫어. 그랬더니 나더러 혼자 카미노를 걸어 보라는 거야. 내 두려움과 맞서야 한다나."

"……그래, 혼자 많이 걸었니?"

"별로. 그럴 틈이 없었어."

"아, 맞다. 넌 '베드 호퍼'지, 참!"

마틴이 "뭐야" 하면서 주먹으로 내 팔을 툭 치더니, 갑자기 목소리를 낮추며 "너, 저 안에서 좀 이상한 분위기 못 느꼈어?" 하고 물었다. 뭔 소리냐고 되물으니 모르면 관두라 했다가 계속 졸라대자 "사실은……" 하면서 소곤거렸다.

"난 베아테가 마음에 들어. 딱 내 타입이야. 저 여자라면 다시 사랑에 빠질 수도 있겠다는 생각이 들었어. 그런데 베아테는 톰을 좋아해. 톰이 점잖고 무게도 있잖아. 베아테는 그런 스타일이 좋은가 봐. 별수 없지. 아, 그런데 시리는 날 좋아하는 것 같아. 호호."

어안이 벙벙했다. 혼자가 되는 두려움과 맞서는 숙제를 들고 온 사람 입에서 나온 말치곤 참 생뚱맞았다.

"겨우 3일 같이 걸었다면서 무슨 관계가 그렇게 복잡해?"

"왜 이러셔. 남녀 사이에 화학 작용이 일어나는 데 1분이면 충분할 때도 많다고."

다음 날은 톰과 베아테와 함께 출발했다. 마틴은 세탁 서비스를 맡긴 옷을 돌려받지 못했다면서 뒤에 남았고 시리는 부르고스에서 일정을 끝내고 돌아가야 했다. 헤어지면서 시리가 한 사람씩 끌어안고 펑펑 눈물을 쏟았다.

톰과 베아테는 길동무로 안성맞춤인 사람들이었다. 베아테는 명랑하고 곧잘 콧노래를 흥얼거렸는데 듣기 좋았다. 톰은 남의 말을 잘 들어줘서 그와 이야기할 땐 서툰 영어도 민망하지 않았다. 나도 걸음이 빠른 편인데 두 사람이 어찌나 잘 걷는지 뒤처지지 않으려면 다리를 재게 놀려야 했다.

마을을 벗어난 뒤 지평선이 펼쳐지는 메세타(Meseta) 평원이 시작됐다. 부르고스에서 레온(León)까지 약 200킬로미터가량 펼쳐지는 메세타 평원에서는 넓은 밀밭과 끝도 없는 지평선만 보인다. 오후 1시쯤 풀밭에 앉아 아침에 호텔 뷔페에서 챙겨온 과일과 빵, 삶은 계란으로 점심을 먹었다. 고된 도보 행군 대신 근처 들판에 피크닉을 나온 것만 같다.

오늘이 무슨 요일인지 갑자기 궁금해져 물어봤는데 둘 다 모른단다. 주중인지, 주말인지도 헷갈렸다. 기분이 묘했다. 카미노에선 하루의 순환과 리듬, 매 순간엔 대단히 민감해진다. 하루 걸을 거리를 잘 계산하고 몸의 신호에 주의를 기울이며 방향을 가리키는 노란 화살표를 계속 눈으로 좇아야 하기 때문이다. 반면 평소 직선으로 흐르는 것처럼 여겨지던 날짜의 경과는 잘 알아차리지 못한다.

독일 코미디언 하페 케르켈링의 표현대로 "하나의 여행이 아니라 매번 짧은 여행을 떠나는" 느낌이었다. 매일 아침이 새로운 출발

넓은 밀밭과 지평선과 순례자가 풍경의 전부인 곳. 메세타 평원이 시작되는 길

이고, 밤에 "8시간 동안 25킬로미터를 걷다" 같은 짧은 구절을 수첩에 적어 넣을 때마다 매일 매일이 새로운 성취처럼 느껴져서 뿌듯해지곤 했다. 갑자기 웃음이 터져 나왔다.

"있잖아. 우리가 모두 오늘이 무슨 요일인지도 모르니까 괜히 기분이 좋아!"

베아테가 "나도!" 하고 맞장구를 쳤다.

"라틴어로 '카르페 디엠(Carpe Diem)'이라는 말 알아? 영화 〈죽은 시인의 사회〉에 나오잖아. 여기선 정말 순간에 충실하게 사는 것 같은 기분이 들어."

베아테의 말을 받아 톰이 거들었다.

"여기서 걱정할 미래라곤 딱 세 개밖에 없잖아. 어디까지 걸어가고, 밥은 뭘 먹으며, 어디에서 잘 것인가. 삶이 실제로 이렇게 단순하다면 얼마나 좋겠어!"

정말……, 그럴 수만 있다면 얼마나 좋을까. 하지만 풀밭에 앉아 감탄사를 주고받던 우리도 이미 알고 있었다. 삶이 실제로 그렇게 단순해지거나, 지속적으로 '지금, 여기'의 순간에 몰두하는 일이란 거의 불가능하다는 것을. 오랜 세월의 구도(求道)로 엄격하게 단련된 사람이라면 몰라도, 매일 사소한 골칫거리들과 씨름해야 하는 속세의 우리에겐 어림도 없다. 일상에선 좀처럼 실현하기 어려운 '이상'이라는 것을 모두 알기 때문에 카미노에서의 사소한 비일상적 순간을 그토록 감격스러워했는지도 모르겠다.

예전에 집중력을 키울 수 있다고 해서 몇 차례 명상 수련에 참가해본 적이 있다. 명상이 흔히 말하듯 마음을 비우는 것이 아니라 '지금 이 순간, 한 번에 한 가지 일만 하는 것'이라는 설명에 혹해서였다. 그까짓 거 못하겠는가 싶었는데, 호흡에 맞춰 숫자를 세는 가장 단순한 방식의 명상을 딱 10분 시도해본 뒤 내 마음이 얼마나 천방지축 날뛰는 망아지 같은지를 절감했다. 그 짧은 시간에 숫자를 세는 일 한 가지에 집중하는 것조차 뜻대로 되지 않았다. 몸은 '지금, 여기'에 속해 있지 않을 때가 없지만, 마음은 '지금, 여기'에 집중하기는커녕 지나가버린 일에 대한 후회, 오지 않은 일에 대한 불안, 나 자신에 대한 의심으로 분주하기만 했다.

그렇다고 크게 실망할 일도 아니다. 과거에 대한 후회, 미래에 대한 두려움은 두뇌의 정상적인 활동에 의해 거의 무의식적으로 일어나는 정서적 반응이라고 한다. 진화의 과정에서 생존에 유리했기 때문에 살아남은 감정 회로 같은 것일 게다. 그러고 보면 후회와 두려움만큼 인간을 인간답게 하는 요건도 없는 거다. 중요한 건 그런 감정에 짓눌리지 않으며 필요할 땐 뛰어넘어볼 수도 있는 마음의 근력일 터이다. 지나간 일, 앞으로의 일보다 지금 당장 한 발을 떼는 행위 그 자체가 중요한 카미노에서 다리의 근력뿐 아니라 마음의 근력도 조금 키울 수 있다면!

내가 바라는 건 그게 다였다. 오늘, 내일, 모레로 흐르는 시간의 경과를 잘 알아차리지 못하고 있다는 사소한 발견에 그런 걸 조금

씩 익히고 있는 것 같아 괜히 충만해졌다. 참 별것도 아니건만, 카미노에선 사소한 일에 금방 감동하게 된다. 죽은 감각을 두드려 깨우고 싶다면 카미노를 걸어볼 만하다.

길 잃은 여자와 떠돌이 개

다시 걷기 시작하면서 내가 배낭 어깨끈을 붙잡고 용을 쓰는 걸 보더니 베아테가 어깨끈 아래에 받치라고 두툼한 고무 패드를 건네줬다. 배낭에서 여분의 패드를 꺼내면서 베아테가 "남을 도울 수 있는 뭔가를 갖고 있는 건 행복한 일"이라고 노래하듯 말했다. 한국 아이들과 걸을 때 인색하게 굴던 며칠 전의 내 모습이 떠올라 얼굴이 화끈거렸다.

오후 3시가 넘어 오르니요스 델 카미노(Hornillos del Camino)라는 작은 마을에 도착했다. 톰과 베아테는 아직 쉬기엔 이르다면서 다음 마을까지 가겠다고 했다. 성큼성큼 잘 걷는 그들과 보조를 맞

톰과 베아테

추느라 노곤한 상태였던 나는 이 마을에 머물기로 했다.

 만난 지 3일째, 같이 걸은 날은 겨우 하루에 불과한데도 여전히 작별은 쉽지 않았다. 베아테에겐 이날이 카미노에서의 마지막 날이었다. 길 위에서 다시 만나자는 허튼 약속도 불가능했다. 며칠간 정겨웠던 사람을 사는 동안 두 번 다시 보지 못할지도 모른다고 생각하니, 마음속에서 작은 탑 하나가 풀썩 허물어지는 듯했다.

 오르니요스의 시립 알베르게엔 호스피탈레로가 없고 순례자들만 앉아 있었다. 호스피탈레로가 점심을 먹으러 갔단다. 침대를 배정 받으려면 그를 기다려야 했다. 1시간이 넘도록 일기를 쓰며 앉아 있는데 불쑥 마틴이 들어왔다. 톰과 베아테와 헤어져 다소 가라앉은 마음이 순식간에 밝아졌다. 이틀 밤을 함께 술 마시고 어울린 게 전부인데도 오랜 친구를 만난 듯 반가웠다. 마틴이 오늘은 꽤 오래 혼자 걸었다고 자랑하더니 밀린 일기를 쓰겠다면서 작은 가죽 수첩을 펼쳐들고 옆에 앉았다.

 기다리는 사람이 점점 불어났다. 몇몇 사람은 마냥 앉아 호스피탈레로를 기다리느니 다음 마을에 가겠다고 배낭을 챙겨 일어났다. 4월에도 이렇게 북적이는데 한여름 성수기가 되면 작은 마을에선 하룻밤 묵어갈 침대를 얻는 일도 만만치 않을 것 같다.

 사람들이 기다리건 말건 6시가 다 되어 이쑤시개를 입에 물고 돌아온 호스피탈레로에게 침대를 배정 받은 뒤 마을에 하나밖에 없는 바에 저녁을 먹으러 갔다. 바에도 사람이 많아 맥주를 마시며 1시

우리가 관계 맺는 방법 혼자가 두려운 마틴

간 가까이 기다렸다. 마틴이 호구조사를 하듯 내 가족 관계, 직업, 카미노에 온 이유를 꼬치꼬치 캐물었다. 탐문을 마친 그가 보여줄 게 있다면서 카메라 케이스에서 결혼반지를 꺼냈다.

"며칠 더 가면 '크루스 데 페로(Cruz de Ferro)'가 나와. 들어봤어? 카미노 전체 구간 중 가장 높은 곳이야."

그곳에 가면 산 정상에 큰 철 십자가가 서 있고 그 아래 돌무더기가 쌓여 있다고 한다. 순례자들이 각자 고향에서 들고 온 돌들을 쌓아놓아 생긴 작은 언덕이다. 간절한 기원을 담은 돌을 크루스 데 페로에 내려놓는 것으로 자신만의 작은 의식(儀式)을 치른다는 거다.

"난 돌 대신 결혼반지를 가져왔어. 거기 묻으려고."

반지 안쪽엔 날짜가 선명하게 새겨져 있다.

"1990. 3. XX."

마틴이 아내를 처음 만난 날이라고 한다. 그가 반지를 빙빙 돌리며 혼잣말처럼 말했다.

"이걸 버리고 나면 새 인생을 살 수 있게 될까……."

마음이 짠했다. 적당한 격려의 말을 해주고 싶어 머리를 굴리는데 그가 "나에겐 카미노가 미래로 가는 긴 터널처럼 느껴져" 하고 한숨을 쉬었다.

"터널 끝에서 널 기다리고 있는 게 있을 거야. ……기운 내!"

겨우 찾아낸 내 서툰 위로에 그는 빙긋 웃기만 했다.

이날 밤엔 거의 잠을 이루지 못했다. 같은 방에서 자는 할아버지가 어찌나 요란하게 코를 고는지 새벽 1시에 잠이 깼다. 화장실에 가고 싶었지만 사다리가 없는 2층 침대 위쪽을 배정 받은 탓에 아래층 사람을 깨울까 봐 내려갈 수도 없었다.

모로 누워 최대한 웅크리고 신경이 곤두선 채 뜬눈으로 밤을 새우다 보니 온갖 것들이 거슬리기 시작했다. 이제껏 들은 것 중 가장 시끄럽게 코 고는 소리, 발 냄새와 땀 냄새 등이 뒤섞인 고약한 구린내, 눅눅한 공기, 축축하고 삐걱대는 침대……. 침낭 안에 벌레가 들어왔는지 종아리가 미치게 가려웠다.

얼핏 선잠을 자고 난 뒤에도 정신이 몽롱했다. 아침에 밥 먹자고 콧노래를 부르며 찾아온 마틴에게 난 오늘은 조금만 걷고 다음 마을에선 알베르게 대신 호스탈에 가겠노라고 선언했다. 마틴이 반색을 했다.

"나도 그럴 건데. 잘됐다. 같이 가자!"

이날부터 그와 함께 지낸 사흘이 시작됐다.

마틴은 유쾌한 길동무였다. 사소한 말에도 열심히 맞장구를 치고 한술 더 떠 말을 받곤 했다. 말이 많은 게 흠이었지만 혼자 떠들지 않고 상대방에게서 말을 끌어내는 재주가 있었다. 수다를 떨다가도 작은 들꽃, 특이한 모양의 나무, 허물어진 성벽을 발견하면 감탄사를 연발하며 멈춰 서서 사진을 찍느라 바빴다. 한번은 뭐 그런 것까지 사진을 찍느냐고 타박했더니 집에 돌아가서 막내딸에게

카스트로헤리스 가는 길

보여주고 싶어 그런다고 했다. 묻기도 전에 자기 이야기를 그렇게 술술 털어놓는 남자는 별로 본 적이 없다. 어릴 때부터 자기가 어떤 사람이었는지를 계속 종알거렸다.

"나는 어릴 때부터 내가 악마라고 생각했어. 아주 거칠어서 늘 혼이 났거든. 칭찬이라곤 받아본 기억이 없다니까. 여덟 살 때 아버지가 돌아가셨는데 그때 이 세상의 어느 누구도 믿지 않겠다고 결심하고 울지도 않았어. 성인이 된 뒤에도 한참 동안 내가 나쁜 사람이라고 생각했지."

"신기하네. 서양 남자가 자기 자신에 대해 그렇게 생각하면서 자랐단 말이야?"

"무슨 소리야?"

"서양 사람들은 대체로 스스로를 좋게 생각한다잖아. 근데 꽤 많은 동양 사람들에겐 그게 어색하거든. 나도 그렇고. 동서양의 차이에 대한 조사 결과도 그렇대."

"쳇, 너는 통계나 조사 결과가 네 인생을 잘 설명해준다고 생각해? 네 말대로라면 난 완전히 별종이네. 나는 6년 전에 동양 사람을 만난 뒤부터 나 자신을 좋게 생각하기 시작했는데."

그는 2002년 아내를 따라 참가했던 명상 프로그램에서 인도의 한 구루를 만난 뒤 비로소 부정적인 자아상에서 벗어날 수 있었다고 했다.

"그 구루가 나더러 '네 안에 사랑과 평화가 있다'고 말해주는 거야. 처음엔 들은 척도 안 했는데 명상 수련을 하면서 계속 그 말이 떠오르더라고. 많은 사람들이 존경하는 구루가 그렇게 생각한다면 그 말이 맞지 않을까, 하고 말이야. 그 뒤로 난 괜찮은 사람이라고 생각하려고 애를 썼어. 쉽진 않았는데, 점점 나 자신, 내 생각, 감정에 편안해지게 되더라."

"잘된 일이네. 좋은 사람을 만났구나."

그가 고개를 끄덕이더니 너털웃음을 터뜨리며 말했다.

"좋은 일이지. 하지만 다 좋지만은 않더라고. 그 뒤론 너무 자주 울어."

그는 아내와 사이가 벌어지면서 30여 년 만에 처음으로 울기 시작했다고 한다. 슬픈 드라마를 보면서도 걸핏하면 눈물을 흘리는 통에 아이들에게 놀림을 받은 적도 부지기수라고 했다.

"아까 좁은 길에서 네 뒤에서 걸을 때도 바보같이 잉잉 울었어.

아내랑 헤어질 때의 일이 생각나서……. 눈치 못 챘지? 선글라스가 이럴 땐 좋다니까. 하하."

마틴은 스스럼없이 약점을 드러내 보이고 기꺼이 자기 자신을 놀림감으로 삼았다. 그가 유난히 친근하게 느껴졌던 게 그런 이유 때문이었는지도 모르겠다. 어쩌면 처음 만나는 사람들도 쉽사리 무장 해제시키는 카미노의 '마법' 때문일 수도 있지만.

마틴과 함께 걷는 길은 더뎠다. 그가 말을 거는 사람이 너무 많아서였다. 시리 말마따나 길 위의 거의 모든 사람을 아는 것 같았다. 하도 이 사람 저 사람과 말을 섞느라 자기도 헷갈리는 모양이었다. 누군가와 한바탕 떠들고 난 뒤 가끔 내게 알아들을 수 없는 말을 던져놓고 "앗, 내가 금방 너한테 독일어로 말했어!" 하고 저 혼자 화들짝 놀라곤 했다.

'길 위의 복덕방' 같던 마틴 덕분에 다른 여행자들도 꽤 많이 알게 되었다. 오토바이 사고로 왼팔을 잃었는데도 배낭을 메고 빨래하고 식사하는 일상을 모두 한 팔로 감당하는 영국 할아버지 패츠, 부모를 모시고 카미노를 두 번째 걷는 독일 청년 도미닉……. 그중에서도 가장 인상 깊었던 사람은 이탈리아에서 온 바르바라였다.

바르바라를 만난 건 마틴과 함께 지낸 지 이틀째 되던 날 오전, 카스트로헤리스(Castrojeriz)에서 프로미스타(Frómista)로 가던 길이었다. 바르바라에게도 동행이 있었다. 커다란 검은 개 프리다가 늘 그녀의 곁을 지켰다. 털이 북슬북슬하고 목에 노란 화살표 문양

바르바라와 그녀의 개 프리다

의 목걸이를 한 프리다는 아주 온순했다. 카메라를 들이대면 앞발을 세우고 앉아 포즈를 취할 줄도 알았다.

카미노에선 개를 데리고 걷는 사람들이 종종 눈에 띈다. 사람처럼 배낭을 멘 애견을 데리고 걷는 독일 커플을 만나기도 했다. 바르바라도 집에서 키우던 개를 데려왔나 보다 했는데 그게 아니었다. 그녀와 이탈리아어로 한참 이야기를 나눈 마틴이 들려준 바에 따르면, 바르바라와 프리다는 길에서 우연히 만난 동반자였다.

바르바라는 혼자 프랑스 루르드에서 순례를 시작했다. 출발한 지 며칠 만에 피레네 산맥 기슭 어딘가에서 길을 잃었다고 한다. 비가 오던 날 혼자 숲 속을 헤매던 바르바라 앞에 더럽고 큰 개가 나타났다. 개가 다가오는 걸 보는 순간, 바르바라는 이유를 잘 모르겠지만 이 개가 자신에게 아주 중요한 존재가 될 것임을 직감했다고 한다.

바르바라는 개를 수의사에게 데려가 상태를 체크하고 이 개가 여섯 살이라는 것도 알아냈다. 프리다라는 이름을 지어주고 이후 여기까지 수백 킬로미터를 함께 걷던 중이었다. 떠돌이 개라서 사람과 함께 지내는 게 익숙하지 않을 텐데도, 자갈길에 산길이 이어져 발이 아플 텐데도, 자기가 살던 곳을 떠나 낯선 땅으로 가는 것인데도, 프리다는 바르바라의 수호견이라도 되듯 한시도 그녀 곁을 떠나려 하지 않았다. 나는 개를 좋아하지 않지만 바르바라와 프리다의 이야기는 작은 기적처럼 들렸다. 예상치 않았던 때에 기적처럼 도움의 손길이 나타나고, 외롭게 떠돌던 영혼들이 서로를 구원하는 영적인 만남이 다른 종(種)들 사이에서도 가능하다는 전설을 듣는 듯했다. 내가 감탄하자 마틴이 고개를 끄덕였다.

"맞아. 나는 신을 믿지 않는데, 만약 신이 있다면 이렇게 생명을 가진 존재들의 '관계' 속에 있다고 생각해."

오후 1시쯤 점심을 먹던 바에서 바르바라를 다시 만났다. 이번엔 마틴이 이탈리아어 통역을 해주어 그녀와 잠깐 이야기를 나눌 수 있었다.

바르바라는 카미노를 두 번째 걷는 중이다. 프리다와 함께 지내면서 이전보다 훨씬 영적인 여행이 되었다고 한다. 개를 싫어하는 알베르게 주인들도 많지만 어떻게든 프리다가 머물 공간과 방법을 마련해준다고 했다.

옆에서 보니 프리다는 잘 때도 눈을 뜨고 있었다. 내가 부르면 꿈쩍도 하지 않지만 바르바라가 부르면 귀신같이 알고 일어나 그녀 발밑에 가서 엎드렸다. 바르바라는 프리다를 집까지 데려갈 거라고 했다. 바르바라의 이야기를 듣다가 궁금해졌다. 평온하고 안정되어 보이는 그녀는 왜 이 먼 길을 혼자서 두 번씩이나 걷는 걸까. 게다가 루르드에서 출발했으면 한참을 더 걸어온 셈인데.

왜 카미노를 다시 걷느냐고 불쑥 물었더니 그녀는 약간 당황스러운 미소를 지으며 잠깐 생각하다가 이렇게 대답했다.

"카미노는 다른 사람의 기대를 생각할 필요 없이 자연스러운 나

앞서 걸어가던 바르바라와 프리다의 뒷모습

자신으로 존재할 수 있는 곳이기 때문이죠."

여기서 무엇을 얻길 바라느냐고 재차 물었다. 마틴이 통역을 해주면서 "직업이 기자라더니 질문하는 것 좀 봐" 하고 키득거렸다. 바르바라의 대답은 간단명료했다.

"특별히 구하는 답은 없어요. 다만 카미노가 주는 걸 모두 받아들일 수 있기를 바랄 뿐이에요."

다시 출발할 무렵 바르바라가 내 마운틴 폴을 유심히 들여다보았다. 생장피에드포르에서 산 내 마운틴 폴에는 카미노 루트가 새겨져 있다. 바르바라가 너무 예쁘다면서 감탄하기에 그녀에게 가지라고 불쑥 내밀었다. 당황해서 손을 내젓는 그녀에게 프리다 이야기를 들려준 데 대한 선물이라고 말해주었다. 정말 받아도 되냐고 몇 번씩 묻더니 자기 것과 바꾸자고 한다. 마운틴 폴을 교환하는 우리의 사진을 찍으며 마틴이 "이것도 카미노가 선물하는 작은 기적 중의 하나"라고 촌평했다. 바르바라는 "프리다 덕분에 오래 기억할 만한 좋은 일이 하나 더 생겼다"고 미소를 지으며 그녀의 다리에 기대어 있던 프리다를 쓰다듬었다.

더 많이 사랑하는 자의 슬픔

바르바라와 헤어진 뒤 프로미스타를 향해 갈 때였다. 수다스럽던 마틴이 갑자기 말이 없어졌다. 땡볕 아래서 묵묵히 땅바닥만 바

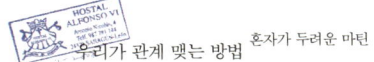
우리가 관계 맺는 방법   혼자가 두려운 마틴

라보며 걷던 그가 입을 열었다.

"있잖아. 아내가 다른 남자가 생겼다고 떠나버린 뒤에 가장 고통스러운 게 뭔지 알아?"

아무 말 없이 그를 가만 바라보았다.

"날 버리고 가버렸는데도, 그런 아내에 대한 사랑을 멈출 수가 없었다는 거야. 그게 너무 고통스러웠어."

나도 모르게 마틴의 어깨를 토닥거렸다. 그의 마음을 나도 알 것 같았다. 만난 지 얼마 안 된 우연한 길벗에게 불쑥 깊은 연민이 느껴졌다.

"이해해. 그게 어떤 감정인지 잘 알아……."

"왜 그런지 모르겠어. 내가 좋아하는 모든 걸 와이프는 싫어했는데……. 아마 바탕에 깔린 정서적 연대가 너무 강력해서 그런가 봐."

아내 이야기를 꺼낸 뒤로 마틴은 울적한 기분이 영 나아지지 않는 모양이었다.

"결혼반지를 버리려고 들고 왔는데, 내가 거기서 벗어날 수나 있을지 잘 모르겠어" 하고 길게 한숨을 쉬더니만, 다음 마을까지 1시간쯤 따로 걷는 게 어떻겠냐고 제안했다. 혼자 있고 싶은 모양이었다. 그러자고 하고 내가 앞서 걸었다.

초록 밀밭이 양옆으로 펼쳐진 메세타 평원을 가로질러 가며, 오래전 종이가 파일 정도로 밑줄을 북북 그었던 토마스 만(Thomas

Mann)의 소설 《토니오 크뢰거》의 한 구절이 떠올랐다. "가장 많이 사랑하는 자는 패배자이며 괴로워할 수밖에 없다." 섬세한 토니오가 불과 열네 살 때 깨달은 가혹한 진실, 더 많이 사랑하는 자가 패배자라는 교훈을 미련한 나는 성인이 되고도 한참 지난 뒤에서야 알아차렸다.

사랑을 놓고 누가 더 사랑했느냐 대차대조표를 그려보는 것, 거래하듯 '준다'와 '받는다'로 저울질을 하는 건 사실 어리석은 일이다. 받는 것에 대한 교환으로 준다거나 조금도 넘치거나 모자람 없이 공평하게 주고받는다는 건 사랑의 본성과 어긋나도 한참 어긋난다. 사랑을 보답 받지 못하는 고통으로 번민하던 토니오도 "사랑받는 것, 그것은 허영심을 채우려는, 구역질나는 만족감"일 뿐이며 "행복은 사랑하는 것"에 있다고 되뇌지 않았던가.

하지만 사랑했던 사람이 급기야 눈앞에서 문을 쾅 닫고 떠나가버릴 땐, 사랑하였음에도 사랑 받지 못한 패배자는 상실의 고통과 굴욕감에 익사할 지경이 된다. 덜 사랑하는 사람들이 권력을 휘두르다 떠나버린 뒤, 더 많이 사랑했던 사람들은 상대에 대한 사랑을 철회하지 못해 쩔쩔맨다. 상대가 돌아올지도 모른다는 소망으로 숱한 밤을 지새우지만, 그런 일은 결코 일어나지 않는다.

내 경우 상실의 고통과 굴욕감은 스스로에 대한 비난으로 치닫곤 했다. 사랑하고 집착함으로써 패배자가 될 수밖에 없었던 어리석음을 오래 탓했다. 차라리 심장이 돌처럼 딱딱해져버리길 바랐다.

프로미스타 가는 길의 평원. 드러눕고 싶을 만큼 폭신해 보이는 초록 밀밭이 끝도 없이 펼쳐진다.

시간이 한참 지나고 난 뒤에야, 관계의 파탄과 무관하게 사랑했던 기억만큼은 오롯이 내 것임을 비로소 깨달을 수 있었다. 제 수명을 다한 관계가 소멸되더라도 내가 겪은 떨림과 희열, 사랑의 충만함은 누구도 빼앗아갈 수 없는 나만의 경험, 내 기억으로 남았다. 물론 그와 함께, 나 자신의 사랑을 포함하여 세상에 변치 않는 마음이란 없다는 데 대한 희미한 환멸도 뒤따를 수밖에 없었지만…….

역시 뒤늦게 알게 된 것이지만 상실의 고통에는 그 경험이 아니었더라면 포착하기 어려울 중요한 기회가 숨어 있다. 나를 지탱해온 삶의 틀이 무너져 내리는 상실의 경험 이후 스스로에게 던질 수밖에 없는 고통스러운 질문, '나는 왜 이러한가?' 하는 물음은 자멸로 치닫지만 않는다면 생에 밀착해 살아가기 위해 한 번은 거쳐야 할 지옥문이다. 애착하던 대상, 나를 지탱해온 관계, 그 모든 것이 사라졌을 때 나는 누구인가, 어떤 사람일 수 있는가. 이 질문과의 사투를 통해 '수동적으로 버림받은 경험'을 '능동적인 버림'으로 전환할 수만 있다면 상실은 새로워질 수 있는 기회가 되기도 한다. 마틴의 심리상담사 친구가 그에게 혼자서 자신과 맞서야 한다고 권한 것도 그런 이유에서일 거라고 짐작했다.

하지만 그런 자각에 이르는 길은 얼마나 멀고 험한지……. 사랑의 상실로 괴로워하는 패배자들에게 현명한 사람들이 들려주는 조언은 당장 아픔을 잊게 해줄 대체물을 찾아 헤매지 말라는 것이다. 상실을 딛고 일어서려면 무엇보다 떠나버린 상대에게서 완전히 떨어져나와 상대를 놓아버려야 한다고들 했다. 그러고 나서 혼자서 자기 길을 계속 가야 한다고.

하지만 그건 어디까지나 모범 답안일 뿐이었다. 사랑했던 관계가 파탄난 뒤 상실감과 열등감에 시달리는 마음은 새로운 관계를 찾아 자주 두리번거렸다. 폭우가 쏟아질 때 빨간 우산, 파란 우산, 찢어진 우산 가리지 않고 뒤집어쓰는 격이다.

'대체물'로서의 관계는 실망으로 치닫기 일쑤였다. 내 눈앞의 상대를 보는 것이 아니라 내가 보고 싶은 것만을 보는 관계가 오래갈리 없다. 응급처치용 관계가 다 얄팍한 것은 아니었지만 어쨌든 일회용 반창고에 불과했다. 다른 모든 감정들처럼 상실감도 그저 지나가는 것일 뿐이라는 걸 그때는 왜 몰랐을까. 언젠가는 그칠 폭우를 그저 혼자 맞으며 견뎌냈더라면 좋았을 것을……. 스스로를 혐오하면서도 나를 있는 그대로 사랑해줄 사람을 발견할 꿈을 꾸다니 얼마나 바보 같은 짓인가.

벨 훅스(Bell Hooks)가 《사랑의 모든 것》에서 들려준 것처럼 내가 나 자신에게도 주지 않는 사랑을 다른 사람이 줄 거라고 기대하지 말아야 했다. 하지만 감정의 격랑에 떠내려가듯 당장 위안이 절박한 사람에겐 '무소의 뿔처럼 혼자서 가는' 건 어림도 없는 일이다. 마틴의 '베드 호핑'이 마음에 들진 않지만 조금은 이해할 수도 있을 것 같은 심정이었다. 그 역시 상실의 고통 앞에서 어쩔 줄 몰라 헤매는 약한 사람일 테니까.

다음 마을 입구의 울타리에 걸터앉아 15분쯤 기다리니 마틴이 나타났다. 지친 표정의 그가 양손을 번쩍 들어 흔들며 다가왔다.

"어떻게 그렇게 빨리 가버렸어? 갑자기 휙 사라지더라?"

"네가 혼자 있을 공간을 넓혀주려고 일부러 빨리 걸었지."

마틴이 옆에 앉으며 고맙다는 듯 내 어깨를 슬쩍 밀었다.

"그래, 혼자 걸어보니 어때?"

"아, 말도 마. 싸우느라고 너무 힘들었어."

"누구랑?"

"와이프랑."

이건 또 무슨 소리인지……. 사정인즉슨 이랬다. 그의 아내는 마틴보다 다섯 배쯤 더 돈을 많이 버는 남자와 살림을 차렸다는데 어느 날 변호사를 통해 마틴에게 아이들 양육비를 백 퍼센트 부담하라고 통보해왔다. 아이들 셋은 모두 아내가 데려가 키운다. 그래도 백 퍼센트는 너무 많다고 생각한 마틴이 변호사를 고용해 다투고 있는데 그의 아내 쪽에서 이번엔 70퍼센트만 부담하라고 다시 연락을 해왔다.

마틴과 그의 아내는 이혼 절차가 끝나지 않아 법적으로는 아직 부부다. 그런데 그의 아내가 다른 남자와의 사이에서 덜커덕 임신을 해버렸다. 마음이 급해진 아내가 양육비 다툼을 빨리 끝내고 이혼 절차를 마무리 짓기 위해 마틴의 몫을 깎아 수정안을 제시한 거였다.

"그래도 여전히 난 억울해. 혼자 걸어오면서 마음속으로 계속 와이프와 다퉜어. 왜 50 대 50이 아니냐고! 결혼 파탄의 책임도 자기에게 있고 지금 나보다 훨씬 돈을 잘 버는 작자와 살면서. 부당하지 않아?"

"그래……. 억울할 수 있겠네."

"두고 봐. 열 받으면 이혼 절차 질질 끌어서 마누라 엿 먹여버릴 거야. 그러면 새로 태어날 아이가 법적으로는 내 자식이 되는 거거든."

"뭐라고?"

눈이 휘둥그레졌다. 상실의 대체재를 찾아 헤매는 정도를 훌쩍 뛰어넘어 복수를 상상하는 격이다. 그렇게까지 하고 싶을까. 기껏 피어난 연민과 공감이 싹 사라지는 기분이었다. 나도 모르게 눈살이 찌푸려졌다.

"제발 그만해라. 네가 속상한 건 알겠지만, 변호사한테 맡겨두고 잊어버려. 왜 네 인생을 누구 엿 먹이려고 낭비하니?"

"……알았어, 알았다고. 저기 바에서 쉬었다 가자."

다음 날 아침 프로미스타에서 출발할 땐 햇볕이 쨍쨍했다. 빨래가 뽀득뽀득하게 말라 기분이 좋았다. 한국에서 내가 빨래가 잘 말랐다고 기분 좋았던 적이 언제 있었던가. 카미노에선 사소한 일에도 금방 감사하는 마음이 된다. 마틴도 언제 우울했나 싶게 아침부

캐리온 가는 길. 산티아고의 상징인 조개껍질 문양의 표지가 새겨진 비석이 곳곳에 서 있다. 오른쪽 파란색 표지판에는 산티아고 가는 길이 유럽문화유산임을 알리는 글이 적혀 있다.

터 수다스러웠다. 역시 햇볕이 보약이다.

"잘 잤어? 오늘은 어디까지 갈까? 어디 보자……. 아! 캐리온(Carrión de los Condes)까지 21킬로미터만 가면 되겠다, 그치? 자, 캐리온까지 캐리온(carry on: 계속 가자)!"

캐리온까지 가는 길은 숨이 턱턱 막힐 정도로 더웠다. 도중에 바에서 쉬면서 마틴이 아내를 어떻게 만났는지 들려주었다. 아내에 대한 멈출 수 없는 사랑이건, 아내에 대한 증오건 그는 계속 아내 이야기를 하고 싶어 했다. 합창단원이었던 마틴은 공연 도중 객석에서 아내를 발견하는 순간, 첫눈에 반했다고 한다.

"첫눈에 반하는 관계는 아마 전생에 인연이 있어서 그럴 거야. 나는 전생이 있다고 믿거든. 우리 막내딸만 봐도 그래."

마틴과 아내와의 관계가 급격히 악화된 것은 셋째 아이를 낳을 것이냐를 두고 다투기 시작하면서부터다. 막내딸이 태어났을 때 마틴은 24시간 동안 아이를 아예 쳐다보지도 않았다. 하지만 그 아이가 지금은 하늘이 준 선물처럼 느껴진다고 한다.

마틴 부부가 헤어질 때 둘째 딸은 "엄마가 아빠랑 지금까지 산 것만 해도 대단하다"고 빈정거린 반면, 막내딸은 마틴을 끌어안고 "언니 말은 다 헛소리니까 믿지 마. 아빠는 세상에서 제일 좋은 사람이야"라고 말해주었다고 한다.

"네덜란드 꼬마들이 얼마나 맹랑한지 한번 들어볼래?"

마틴의 막내딸은 여섯 살이다. 마틴 부부가 헤어지기 직전, 부부

싸움을 크게 한 뒤였는데 아이가 노크를 하고 방에 들어왔다.

"엄마. 아빠한테 할 말 다 했으면 이제 방에서 나가줘. 나, 아빠와 섹스를 해야 하니까."

기절초풍한 마틴이 "아가야, 그건 불가능한 일이야. 섹스는 네가 어른이 된 뒤 네 남자 친구와 하는 거야" 하고 설명해줘도 막내딸은 부득부득 엄마는 나가라고 우기더니, 나중엔 포기하고 의자에 턱하니 앉으며 말했다.

"그래, 그럼. 나는 안 할 테니까 대신 둘이서 지금 섹스 해. 내가 여기 앉아서 볼게."

아이의 어처구니없는 말에 폭소를 터뜨리면서 잡담을 나누다 다시 땡볕 아래로 나섰다. 팍팍한 걸음을 달랜답시고 마틴이 진실 게임을 하자고 꼬드겼다. "이런 데서 낯선 사람한테가 아니면 털어놓기 어려울 비밀을 다 이야기해보자"면서 계속 졸라댔다. 자기가 먼저 시작하겠다면서 십대 때 엉겁결에 첫 키스를 해버린 정황을 자세하게 늘어놓았다.

그의 노골적 질문에 계속 딴청을 피우다가 그만 꼬임에 넘어가버렸다. '최악의 연애 상대', '가장 망신스러운 일' 등 창피해서 아무한테도 말하지 않았던 사소한 비밀들을 하나둘씩 털어놓기 시작했다. 숨이 넘어가도록 웃으며 질문을 주거니 받거니 하다가, 내가 물을 차례가 되었다.

"지금까지 살면서 저지른 가장 큰 실수가 뭐야?"

그가 계속 그래왔듯 성적인 에피소드를 신이 나서 떠들 줄 알았다. 그런데 "질문이 뭐 그러냐" 하고 핀잔을 주더니만 한동안 말없이 걷다가 나지막하게 대답했다.

"내 여동생을 제대로 사랑해주지 못한 거야. 아주 어릴 때부터."

마틴은 억압된 감정의 종류에 따라 다섯 가지로 분류하는 성격 유형부터 이야기를 꺼냈다. 반사회적 성격장애(Psychopathic), 자학적 성격(Masochistic), 정신분열(Schizoid), 고집불통(Rigid), 구순기 성격(Oral)이 있는데 자기보다 두 살 아래인 여동생은 젖을 떼지 못한 아이와도 같은 구순기 성격이 두드러진다고 했다.

"엄마 때문에 그렇게 된 면도 커. 나는 엄마들은 모두 무조건적인 사랑을 주는 줄 알았는데 우리 엄마를 보면 그렇지도 않더라."

엄마가 혹독하게 대했던 여동생에게 마틴도 못되게 굴었다고 했다. 한 번도 동생에게 '괜찮다'고 해준 기억이 없다고 씁쓸하게 말했다. 긍정적 피드백이라곤 받아본 적이 없는 여동생은 늘 세상의 불공평함을 호소하며 남들을 이용하려고만 들어 누구와도 정상적인 관계를 맺지 못했다. 여동생의 인생이 더 꼬인 건 마흔이 되었을 때 느닷없이 정자를 사서 아이를 낳겠다고 선언하면서부터다. 가족이 모두 반대했지만 여동생은 기어이 정자를 사서 아들을 낳았다. 하지만 예상대로 아이를 돌볼 능력이 없어 결국 낳은 지 2년 만에 아들을 다른 곳으로 입양시켜 보내야 했다. 나도 모르게 한숨이 나왔다.

"비극이네……."

"비극이지. 어쩌면 아버지가 돌아가시지 말았어야 했어. 여동생을 사랑해준 유일한 사람이 아버지였으니까."

마음이 무거워진다. 묵묵히 걷던 마틴이 다시 입을 열었다.

"여동생만 문제가 있는 게 아냐. 난 사이코패스야. 내가 통제하지 못하는 상황을 견딜 수가 없어. 패배를 받아들이지 못하니까 이혼이 더 힘이 드나 봐. 굴복하는 법을 먼저 배워야 하는데……."

"에이, 네가 무슨 사이코패스야. 너처럼 잘 울고 솔직한 사람은 절대 사이코패스가 못 되니 안심하셔. 그리고 넌 지금 길에 굴복하는 걸 배우는 중이잖아."

"내가 통제할 수 있을 때에만 굴복해. 힘들면 사람들 속으로 달아나버리는 거 못 봤어?"

관계치의 딜레마

마틴은 자기 문제가 무엇인지, 무엇을 극복해야 하는지 스스로 잘 알고 있었다. 하지만 제 말대로 힘들면 사람들 속으로 달아나버리면서 고독을 피하려 필사적으로 애를 썼다. 그의 친구가 권했다던 '혼자가 되는 데 대한 두려움과 맞서기'는 그에겐 너무 어려운 과제 같았다.

다른 유럽 순례자들처럼 마틴도 휴대전화를 갖고 다녔는데 끊임

캐리온 성당(왼쪽)과 캐리온 입구의 벽화

없이 사람들과 문자 메시지를 주고받았다. 혼자 있을 때에도 문자 메시지를 주고받으면 누가 같이 있는 것 같아 안심이 된다고 했다. 이날도 문자 메시지를 확인하고 보낸답시고 계속 가다가 걸음을 멈추었다. 받는 문자마다 전부 자길 좋아하는 여자들이 보낸 거라고 자랑이다.

"히히. 이것 봐라. 너 마르타 알지? 아헤스 파티 때 봤던 독일 애 말이야. 캐리온에서 같이 저녁 먹자고 문자 보냈네. 애도 날 좋아하나 봐."

"이봐, 넌 길에서 만난 여자들이 다 널 좋아한다고 생각해?"

"당연하지. 그렇게 생각하는 게 내 에고에 유익하거든."

어이가 없었다.

점심을 먹은 뒤 마지막 5킬로미터를 갈 땐 다시 각자 따로 걷기로 했다. 묻지도 않았는데 그가 먼저 다짐이라도 하듯 말했다.

"이번엔 마누라랑 안 싸우고 나 자신에게만 집중해볼게."

5킬로미터를 혼자 걷는 것도 네겐 쉽지 않은 일이구나 싶어서 웃음이 나왔다.

캐리온 입구에서 마틴을 다시 만나 "난 오늘도 호스탈에 갈 건데 넌 어떻게 할 거냐"고 물었다. 침낭 안에 알베르게의 침대 벌레가 옮겨온 것 같아 가려워 견딜 수가 없었다. 호스탈에 묵으며 침낭을 빨아 햇볕이 좋을 때 말리고 싶었다. 은근히 그에게 "그래? 그럼 안녕" 같은 대답을 바랐던 것 같기도 하다. 마틴과 온갖 이야기를 나누며 걷는 게 즐겁긴 했지만 너무 가까이 지내는 것이 슬슬 지겨워지기 시작했다. 다시 혼자 걸으며 나 자신에게 집중하고 싶은 갈망도 점점 커졌다. 그런 내 속도 모르고 그가 "난 호스탈이 좋아. 나도 갈래" 하며 따라 나섰다.

함께 찾아간 호스탈에는 트윈베드 룸만 있는데 사람 수와 상관없이 방 하나에 38유로란다. 마틴이 직원의 말을 통역해주면서 물었다.

"트윈베드 룸을 너 혼자 다 쓸 거니?"

"안 그러면?"

"그냥 물어봤어. 방을 같이 쓰면 돈을 아낄 수 있으니까 그렇지."

"미안. 난 방 하나가 필요해. 내가 코를 좀 많이 골거든."

배낭을 들고 방에 올라가면서 슬슬 마음이 불편해지기 시작했다. 마틴과 따로 걸을 때 가끔 마주치는 사람들이 내게 "마틴은 어쩌고?" 하고 물어보는 것도 신경이 쓰였다. 그에게 연민은 느낄지언정 '베드 호핑'의 대상은 되고 싶지 않았다. 계속 호스탈에 묵고 가방을 부치며 걷는 것도 뭔가 죄를 짓는 것처럼 떳떳하지 못하게 느껴졌다.

각자 방에 짐을 풀고 6시 반에 만나 저녁을 먹기로 한 뒤 헤어졌다. 침낭을 세탁하고 볕에 널어놓은 뒤 슬슬 산보를 다녔다. 마을로 돌아오는 길에 마틴에게 함께 저녁 먹자고 문자를 보냈다는 마르타와 마주쳤다. "안녕!" 하고 살짝 웃으며 손을 흔들었는데 보지 못한 것인지 그냥 지나갔다. 잠시 후 다리를 절룩이며 나타난 마틴은 발이 아파 죽겠다고 난리다. 심사가 불편해진 터라 나보다 못 걷는 남자는 네가 처음이라고 쏘아붙였다.

골목을 조금 걸어가니 어떤 식당 앞에 마르타와 독일 청년들 한 무리가 서 있었다. 마틴이 또 독일어로 뭐라 떠들면서 그들 속에 섞여 들어갔다. 마르타의 시선이 나와 마주쳤는데 또 아무것도 못 본 사람처럼 휙 눈길을 돌린다. 쟤가 점점……. 무안하고 불쾌했다. 독일어로 떠드는 사람들 옆에 멍청하게 서 있자니, 꼭 노닥거리는 남편 기다리는 미련한 본처라도 된 듯한 기분이었다.

더는 안 되겠다 싶어서 마틴을 불러내서는 난 성당 미사에 갈 테니 먼저 식사를 하라고 말했다. 내가 올 때까지 기다리겠다고 우기는 그에게 8시까지 오지 않으면 안 오는 걸로 알라고 말한 뒤 그 자리를 떠났다.

성당에 앉아 있으면서도 머릿속이 어지러웠다. 길에서 만난 사람들과의 관계는 이 정도로 충분하지 않을까. 내가 속한 현실에서도 이미 넘치는, 관계에서 파생되는 피로, 그런 걸 여기까지 와서 겪고 싶지 않았다. 스쳐 지나가는 인연 이상으로 엮이면 내가 여길 왜 왔는지도 잊어버리게 될까 봐 두려웠다. 더군다나 카미노의 순수한 우정이라는 것도 한 발짝만 더 들어가면 내가 속한 현실의 관계와 별 다를 게 없어 보였다.

미국 수녀 조이스 럽은 카미노 순례기 《느긋하게 걸어라》에서 '우정의 일시성'을 설명하면서 어차피 헤어질 관계에 자신을 다 주고 싶지 않아 머뭇거렸던 마음에 대해 썼다. 나는 여기서도 사람들한테 실망하게 될까 봐 더 가까이 가고 싶지 않았다. 다시 혼자 지내야 할 때가 되었다. 미사가 끝난 뒤에도 마틴에게 돌아가지 않았다.

아침 일찍 일어나 마틴의 방문에 작별 인사를 적은 쪽지를 일회용 밴드로 붙여놓은 뒤 혼자 출발했다. 강풍이 불었다. 사흘간 마틴과 지내다 다시 혼자 걷기 시작하니 마음이 착 가라앉았다.

하루에 6~7시간씩 걷는 장거리 보행과 먹을거리로 점점 늘어나는 배낭의 무게도 이젠 견딜 만했다. 먹는 양을 늘려도 계속 살이 빠졌는데 오히려 몸은 점점 단단해지는 걸 느낄 수 있었다. 길이 던지는 도전에 적어도 육체적으로는 제대로 응전한 듯해 기분이 좋았다. 몸은 시험을 통과했으니 이제 마음만 통과하면 되겠구나, 싶었다.

아무 생각 없이 걷다보니 입에서 저절로 노래가 흘러나왔다. 한참 뒤 내가 무슨 노래를 부르는지 알아차리고 황당해졌다. 〈성모 유치원〉, 〈곰 세 마리〉…… 고장 난 테이프처럼 유치원 때 부르던 노래들을 반복해 부르고 있었다. 무의식에 잠복해 있던 어린 시절의 노래들이 아무 제약이 없는 공간에서 빗장을 풀고 튀어나오는 모양이다.

어떤 이들은 메세타 평원이 지루하다지만 난 메세타가 좋았다. 한없는 지평선을 바라보면 마음이 툭 트였고 풍경의 변화와 길의 굴곡이 심하지 않아 되레 평온해졌다. 어딜 둘러봐도 시선을 가로막는 제한이 없는 풍경 속의 한 점이 되어 내 마음도 덩달아 가벼워지는 기분이었다. 서둘러 도달해야 할 어떤 목적지도 보이지 않았다. 다만 먼 지평선 위에 서 있는 한 그루의 나무, 그것을 향해 천천히 흘러가는 느낌이었다.

27킬로미터를 걸어 테라디요스(Terradillos) 마을 입구의 쾌적해 보이는 알베르게에 짐을 풀었다. 잠깐 자고 일어나 저녁을 먹으러 1층 식당에 들어가니 이미 다 찼다. 빈 테이블이 없어서 젊은 사람 세 명이 앉아 있던 4인용 테이블에 다가가 합석을 해도 되겠느냐고 물었다. 처음에 비하면 나도 꽤 낯이 두꺼워졌다. 마틴과 함께 지내며 알게 된 사실이지만, 내가 지레 짐작했던 것만큼 사람들은 누

메세타 평원의 지평선 위에 서 있는 나무 한 그루.
거의 다 왔다 싶으면 또 뒤로 물러나고……, 마치 사막의 신기루 같았다.

군가 다가와 말을 거는 것을 싫어하지 않는다.

합석한 사람들은 독일에서 온 디타, 마티나, 윕케였다. 군인인 디타와 마티나는 커플이다. 이들은 4주 휴가를 내어 부르고스에서 출발했다. 마티나의 생일 선물 삼아 카미노를 걷는 중이라고 했다.

"같이 골프나 치자고 하면 좀 좋아. 왜 마냥 걷는 일을 하자고 하는지 모르겠다니까."

디타는 유쾌하고 익살스러웠다. 빵 바구니를 건네며 "아침의 우리처럼 신선한 빵"이라고 촌평을 달더니 수프 그릇을 건네주며 "저녁의 우리처럼 흐물흐물하다"고 농담을 했다. 계속 와인을 마시며 각국 순례자들의 차이, 결혼과 독신 생활의 비교, 통일 문제에 이르기까지 온갖 주제를 놓고 기억도 나지 않는 말을 떠들다가 그만 과음을 해버렸다.

침대까지 어떻게 갔는지 전혀 생각이 나질 않는다. 아침에 눈을 뜨니 온몸이 쑤셨다. 전날 세찬 바람 속을 걸어 그런지 감기까지 된통 걸렸다. 감기약과 진통제를 먹고 출발했는데 여전히 걷는 게 고역이었다. 결국 14킬로미터만 걷고 사아군(Sahagún)의 호스탈에 머물기로 결정했다.

몸이 아프니 모든 게 비참하게 느껴지기 시작했다. 날씨가 추운 것도, 갈아입을 옷이 하나밖에 없고 신발이 등산화밖에 없는 것도, 괜찮냐고 물어봐주는 사람이 없는 것도, 내 방의 따뜻한 침대에 누울 수 없는 것도, 읽을 책이 없는 것도, 죄다 우울했다. 심지어, 마틴이 그리워지기 시작했다.

며칠 전 그가 《시크릿》이라는 DVD(국내엔 같은 제목의 책으로 출간됐다)를 봤느냐면서 자기는 그 저자가 주장하는 '끌어당김의 법칙'을 믿는다고 말한 적이 있다. 정말 간절한 마음으로 우주에게 소원을 빌면, 소원이 이뤄지도록 돕는 힘들이 끌어당겨지고 얼마 지나지 않아 실제로 소원이 이루어진다는 거다. 그런 일을 직접 겪었다고도 했다. 하지만 그가 들려준 경험은 기껏해야 이런 거였다.

"시리랑 같이 걸을 때의 일이야. 시리가 너무너무 화장실이 급했거든. 그런데 마을까진 한참 남은 거야. 그래서 멈춰 서서 시리와 함께 우주에 소원을 빌었어. 화장실에 갈 수 있도록 도와달라고. 그랬더니 얼마 안 가서 모퉁이를 도니까 자동차 회사 건물이 보이는 거야. 거기 달려가서 화장실을 쓰게 해달라고 했더니 사람들이 친절하게 도와주는 거야……."

그땐 그 정도의 소원이면 난 우주가 안 도와줘도 혼자 해결할 수 있다고 비웃었는데, 비참한 기분에 젖어 있다 보니 나도 한번 빌어볼까 싶기도 했다. ……어디 한 번? 침대에서 일어나 앉아 헛기침으로 목을 가다듬은 뒤, 캄캄한 어둠 속을 바라보며 소리 내어 말해봤다.

"부탁입니다. 마틴을 다시 나에게 데려다 주세요. ……만약 걔가 안 되면……, 안 되면 다른 좋은 사람이라도……."

이게 도대체 뭐하는 짓이람. 스스로 우스꽝스럽고 한심해 소원을 마저 끝맺지 못하고 침대에 픽 쓰러졌다. 혼자 키득거리다가, 눈물짓다가, 한숨을 쉬다가, 미친 듯 감정의 널을 뛰던 끝에 간신히 잠이 들었다.

자고 일어나서도 감기 기운은 여전했다. 망설이다 레온까지 기차를 타고 가기로 결심했다. 죄책감이 없지 않았지만, 무리를 하느니 현실을 받아들이는 편이 낫겠다는 생각이었다.

오후 1시 58분에 있다는 기차의 출발이 지연되는 바람에 2시간이나 기다려 겨우 기차를 탔다. 레온까지는 65킬로미터. 기차로는 30분 만에 와버렸지만 걸어간다면 3일가량 걸리는 거리다. 갑자기 왜 사서 이 고생을 하는 것인지 스스로에게도 의아해졌다.

우체국에 미리 부쳐놓은 보급용 소포에서 물건을 몇 개 꺼낸 뒤 다시 산티아고로 소포를 보냈다. 호스탈을 찾아 짐을 풀고 혼자 저녁을 먹은 뒤 인터넷 카페에 가서 가족과 친구들에게 이메일을 썼다. 한참 망설이다가 마틴에게도 이메일을 썼다. 쿨한 척, 건조하게 안부를 묻는 이메일을 쓰고 '보내기' 버튼을 클릭하자마자 마틴이 미리 설정해놓은 듯한 자동 답신이 날아왔다.

"저는 장기 휴가 중이라 이메일 체크를 하지 않습니다. 급한 용무는 ○○○에게 연락해 상의하세요."

머리를 자판에 짓찧고 싶을 만큼 후회가 몰려왔다. 친하다고 생각한 사람에게 싱긋 웃으며 말을 걸었는데 "누구시더라?" 하는 냉

랭한 답변을 들은 듯 낯이 화끈거렸다. 내가 도대체 무슨 짓을 한 거지? 혼자 있고 싶다면서 왜 자꾸 다른 누군가와 연결망을 만들려고 안달이지? 혼자 있기를 두려워하는 마틴을 비웃었는데 나는 뭐가 다른가?

스스로가 실망스러웠지만 인정할 수밖에 없었다. 연결에 대한 갈망으로 마음속의 '보내기' 버튼 클릭하기를 포기하지 않는다는 점에서 마틴이나 나나 오십보백보였다. 마틴이 유별난 점이라면 쉬지 않고, 여러 사람을 상대로 '보내기' 버튼을 눌러대는 그 차이밖에 없는 것 같았다. 사람은 원래 그렇게 생겨먹었는지도 모르겠다. 늘 초월을 꿈꾸지만 끊임없이 누군가에게 다가가려 하고 관계 맺고 싶어 하는 열망은 유전자에 본능처럼 새겨져 있을지도 모른다.

관계 맺는 방법에 관한 한, 나는 상당히 서툰 '관계치(痴)'다. 내 딜레마는 늘 현 상태가 아닌 다른 상태를 소망한다는 점이었다. 혼자 있을 땐 외로움을 견디지 못해 함께할 누군가를 찾아 헤매고, 함께 있을 땐 관계 속에서 나 자신이 실종되어버릴 것만 같은 불안함 때문에 혼자가 되기를 꿈꾼다.

'다른 사람과 친밀한 관계 맺기'와 '자율성 유지하기'는 종종 내게 양립 불가능한 과제처럼 느껴졌다. 두 과제 사이에서 갈등이 발생할 땐 곧잘 둘 중 하나를 선택해야 하는 상황으로 받아들이곤 했다. 관계 그 자체 속에 숨어버리거나 정반대로 관계를 피해 달아나버렸다. 그러니 문제가 풀릴 리 없었다. 여태 제대로 실천해본 적이 없으니 주장할 수도 없지만, 다만 애써 추구하고 싶은 태도는 '연대하고 배려할 줄 아는 개인주의자'의 자세였다.

관계 속에서 성장할 수 있다고 바라지도 않고, 상대를 바꿀 수 있다고 기대하지도 않으며, 상대 덕분에 내가 변화할 수 있을 거라고도 바라지 않기. 그러면서 상대를 있는 그대로 받아들이기. 건강한 상호 의존을 할 줄 알면서도 관계가 나의 문제를 해결해주고 나를 완전하게 해줄 거라고 집착하지 않기……. 그런데 그게 가능하기나 할까. 스스로도 미심쩍었다.

인터넷 카페를 나와 호스탈로 돌아오던 저녁엔 메이데이 축제를 하루 앞두고 길거리마다 들뜬 청년들로 넘쳐났다. 레온 대성당으로 뻗은 보행자 전용대로는 노천 바에 무리지어 앉아 술을 마시는 사람들, 목청껏 노래 부르는 젊은 악사들, 흥을 누르기 어려운 듯 플라멩코 춤사위를 추어 보이며 웃음을 터뜨리는 여자들, 꼭 껴안고 걷는 커플들, 이 모든 사람들 속에 점점이 섞여 혼자 거니는 사람들로 북적거렸다. 번잡한 길거리를 하릴없이 쏘다니면서 들썩이는 리듬에 섞여 들다가도 먼 나라에서 온 여행자의 외로움이 못내 사무쳤던 밤이었다.

"어디로' 보다 '어떻게',
애런의 길 찾기

나는 본질적으로 '과정의 인간(a process person)'이다.
… 중요한 것은 러너가 된다는 것이지
얼마나 빨리, 얼마나 멀리 뛸 수 있느냐가 아니다.
기쁨은 달리는 행위에 있고, 목적지가 아니라 여정에 있다.

존 펭귄 빙햄, 《천천히 달려라》

산티아고 데 콤포스텔라
몬테 델 고소
아르수아
브레아
카사노바 마토
포르토마린
사리아
오세브레이로
트리아카스텔라
비아프랑카 델 비에르소
루이테랑
라바날 델 카미노
몰리나세카
아스토르가
비야당고스 델 파라모
레온
사아군
테라디오스
캐리온 데 로스 콘데스
프로미스타
카스트로헤리스
오르니요스 델 카미노
부르고스
아헤스
벨로라도
산토 도밍고
나헤라
로그로뇨
비아나
로스 아르코스
에스테야
푸엔테 라 레이나
팜플로나
주비리
론세스바예스
생장피에드포르

진짜 순례자? 그게 무슨 뜻이야?

노란 화살표가 사라졌다.

카미노를 걷기 시작한 지 23일째. 혼자서 26킬로미터를 걸어 아스토르가(Astorga) 초입에 도착했을 때였다. 도시 입구의 갈림길 앞에서 어느 쪽으로 가야 할지 몰라 두리번거렸다. 날이 너무 더워 그런지 길에 사람도 눈에 띄지 않았다. 길바닥과 나무, 담벼락을 아무리 뜯어봐도 정작 중요한 갈림길 앞에서 노란 화살표를 찾을 수 없었다. 어디로 가야 하나……. 주위를 둘러보는데 멀리 언덕배기에 성당 첨탑이 보였다. 전날 한 영국 할아버지가 들려준 말이 생각났다.

"길을 잃으면 무조건 성당을 찾아가. 원래 가톨릭 순례자들이 걷던 길이라서 늘 성당 근처에 가면 숙소가 있거든."

성당을 향해 언덕을 올랐다. 기차를 타고 간 레온에서 이틀간 푹 쉰 뒤 컨디션도 다시 좋아졌다. 3일 전까지만 해도 널뛰기를 하던 감정도 몸의 회복과 함께 가라앉았다. '건강한 몸에 건강한 정신이 깃든다'더니, 역시 옛말 틀린 게 하나도 없다.

과연! 성당 근처에 다다르니 노란 화살표가 다시 나타나기 시작했다. 성당 앞에서 마주친 낯익은 한국인 순례자를 따라 근처 알베르게로 향했다. 나보다 먼저 도착한 낯익은 얼굴들이 알베르게에서 나오면서 반갑게 아는 체를 했다.

아스토르가엔 웅장한 건축물이 제법 즐비했다. 알베르게에서 접

'어디로'보다 '어떻게' 애런의 길 찾기

수를 받던 호스피탈레로에게 성당 옆의 오래된 건축물에 대해 물어봤더니 그녀가 옆에 서 있던 노인을 가리켰다.

"원한다면 이분이 동네 구경을 시켜주실 거예요. 이분보다 더 나은 가이드는 이 도시에 없답니다."

청바지와 청재킷에 카우보이모자를 쓴 노인이 기다렸다는 듯 오후 6시에 근처 수도원에서 수녀들이 노래하는 기도를 듣는 것으로 동네 투어를 시작하자고 권했다. 호스피탈레로 앞에 앉아 이것저것 묻고 있던 젊은 남자가 자기도 같이 가겠다고 따라 나섰다. 동양적이면서도 선이 가늘고 잘생긴 얼굴인데 어딘가 그늘이 진 표정이다.

함께 문을 나설 때 그가 날 쳐다보지도 않고 심드렁하게 이름이 뭐냐고 물었다. 내 이름을 말하고 악수를 청해 손을 내밀었는데 그가 가만히 있다. 못 본 모양이다. 무안한 나머지 원래 그러려던 것처럼 앞머리를 휙 쓸어 넘기고 얼른 손을 바지 주머니에 쏙 집어넣었다.

"네 이름은 뭐야?"

"애런."

또 가만히 있다.

"난 한국에서 왔어. 너는?"

"캐나다."

계속 단답식이다. 말하기 싫은 모양이군, 생각하는데 그가 혼잣

말처럼 중얼거렸다.

"난 누가 어디서 왔냐고 물어보면 좀 헷갈려……. 말레이시아에서 태어났고, 캐나다에서 자랐고, 직장은 미국에서 다녔거든."

그렇구나……. 고개를 끄덕였다. 슬며시 얄미워지려던 마음이 가라앉는다.

작은 수도원은 촘촘한 금박 장식과 꽃들로 화려했다. 애런이 앞으로 나가 초에 불을 켠 뒤 성호를 긋고 무릎을 꿇고 앉아 오래 기도를 했다. 그의 간절한 자세에 전염이라도 된 듯 나도 무릎을 꿇었다. 뒤편의 쇠창살 너머로 검은 옷을 입은 수녀들이 제대 쪽을 향해 줄을 지어 앉아 있었다. 숨을 죽인 채 그들의 노래를 기다렸지만 침묵 속의 수녀들은 입을 열 기미가 보이지 않았다. 노인이 다가와 다른 곳에 먼저 가보자고 해 따라나섰다.

함께 로마시대 때 만들어진 노천극장, 검투사들이 사자와 싸우던 지하 감옥, 가우디가 설계한 '길의 박물관(Museo de los Caminos)', 산타 마리아 대성당을 두루 돌았다. 스페인어를 할 줄 아는 애런이 노인의 설명을 통역해주었다.

아스토르가는 BC 2020년경부터 4천 년의 역사를 지닌 도시라고 한다. 숱한 문명이 거쳐갔던 까닭에 나폴레옹이 침략해 파괴한 로마시대의 다리, 이슬람 양식의 집들, 십자군 전쟁의 흔적이 남아 있다. 그중에서도 오랜 세월의 흔적을 고스란히 간직한 건물은 도심 중앙의 대성당이다. 노인은 이 성당 정면의 중앙은 고딕 양식, 왼쪽은 로마네스크, 오른쪽은 바로크 양식 등 세 개 면이 각각 다른 시대, 다른 양식으로 건축된 것이라고 설명해주었다. 먼 옛날부터 이곳은 순례자에게도 중요한 도시였다. 가장 번성했을 땐 열 개의 수도원, 스무 개가 넘는 순례자 숙소가 운영되었을 정도였다고 한다.

고향에 대한 자부심으로 가득 찬 노인은 카미노를 걷는 사람들에게 아름다운 도시를 소개하는 일이 즐거운 듯했다. 나와 애런을 데리고 다니면서도 배낭을 멘 순례자 차림의 보행자들이 눈에 띌

가우디가 설계한 '길의 박물관'(왼쪽)과 대성당 일부

때마다 자길 따라 오라고, 뭘 보러 가자고 큰 소리로 불러댔다. 꽃과 깃털을 꽂은 카우보이모자를 쓰고 하얀 수염을 길게 기른 노인의 차림새가 예사롭지 않은 탓에 어떤 이들은 별 이상한 사람 다 보겠다는 듯 키득거렸다. 노인을 따라 동네를 한 바퀴 돈 뒤 마지막 코스인 로마 박물관을 나서는 길에 애런이 물었다.

"저렇게 수고를 해줬는데 아무래도 팁을 줘야겠지? 얼마가 적당한지 모르겠네. 난 5유로를 줄까 해."

하지만 웬걸, 노인은 팁을 건넬 틈도 없이 손을 흔들고 "부엔, 카미노!" 인사를 던지며 사라졌다. 자전거를 끌고 가는 노인의 뒷모습을 보며 애런이 나지막하게 감탄했다.

"이런! 미국에선 절대로 있을 수 없는 일이야!"

알베르게로 돌아오는 길에 간간이 낯익은 얼굴들과 인사하던 내게 애런이 "저 사람들과 다 어떻게 아는 사이야?" 하고 물었다. 오늘이 23일째 걷는 날이고 전부 길에서 만난 사람들이라고 들려주었다.

"세상에! 23일째라고? 그러고도 발이 괜찮아?"

그에겐 이날이 첫날이다. 다음 날부터 산티아고까지 열흘간만 걸은 뒤 친구를 만나러 마드리드에 갈 거라고 했다.

"파울로 코엘료의 《순례자》를 읽고 카미노에 대해 알게 됐어. 시간은 얼마 없지만 잠깐이라도 한번 걸어보고 싶더라고."

그는 첫날이라 불안한 게 많은 모양이었다. 하루 일정은 어떻게

'어디로'보다 '어떻게' 애런의 길 찾기

짜고, 밥은 어디서 먹으며, 어디에서 자는지 꼬치꼬치 묻더니 피곤하다면서 알베르게 자러 올라갔다. 저녁 식사나 같이 할까 했더니……. 머쓱해진 기분으로 알베르게의 내 침대로 돌아와 보니 침낭 위에 쪽지가 놓여 있었다. 독일에서 온 디타 커플이 남긴 메모다.

"바로 옆 가우디 레스토랑은 카미노를 통틀어 맛있기로 유명한 곳이야. 다른 약속이 없으면 그리로 와. 다시 한 잔 해야지! ─테라디오스의 술꾼들 디타와 마티나로부터.:)"

식당에는 디타 커플이 둥그런 테이블에 여러 명과 함께 둘러 앉아 있었다. 디타 커플을 제외하고는 처음 인사하는 사람들인데도 다 낯이 익다. 한 방향으로 뻗은 길을 걷는 것이라 그런지 레온 이후부터는 길에서 친숙한 얼굴들이 점점 더 늘어났다.

낯선 이들이 전혀 생경하게 느껴지지 않는 이런 순간엔, 서서히 윤곽이 드러나는 무정형의 공동체에 합류하는 듯한 기분이 들곤 했다. 길을 걷는 순례자들이 각각 씨실과 날실이 되어 '카미노'라는 거대하고 다채로운 무늬의 직물에 자기 자신을 짜 넣는 것 같았다. 문득, 근심이 많아 보였던 애런에게 낯선 이들이 자연스럽게 서로 스며드는 이 교직의 춤에 함께하자고 손을 내밀고 싶어졌다.

애런을 다시 만난 건 다음 날 20킬로미터를 걸어 라바날 델 카미노(Rabanal del Camino)라는 작은 마을에 도착해서였다. 아침 일찍 출발해 긴 그림자를 이끌고 작은 산을 넘었다. 산길 오른편에 처진 철조망에는 순례자들이 나뭇가지로 만들어 꽂아놓은 십자가가 줄줄이 달려 있었다. 그 단순한 십자가의 모양이 이렇게 제각각일 줄이야. 자세히 들여다보니 껍질을 깎아내고 나뭇가지의 속살에 누군가의 이름과 간단한 기원을 적어 넣은 십자가들도 꽤 많았다. 길 전체가 간절한 소망으로 가득 차 있는 것만 같다.

정오가 조금 지나 라바날에 들어서는데 마을 입구의 바에 애런이 혼자 앉아 있었다. 전날 잠깐 만났을 뿐인데도 그가 친구라도 되는 것처럼 활짝 웃으며 손을 흔들었다. 1시간 전쯤 도착했다고 한다.

막 점심 식사를 하려던 애런의 맞은편에 앉았다. 그가 와인과 주스의 중간쯤 되는 스페인 음료 산그리아를 권했다. 달달한 과실주 맛이다. 어느 알베르게에 묵느냐고 물었더니 길 건너 캠핑장을 가리켰다. 잔디밭 한쪽 구석에 앙증맞은 초록색 텐트가 쳐져 있다.

"세상에, 텐트를 갖고 다녀? 무겁지 않아?"

"1인용 텐트라 무게가 2킬로그램도 안 돼. 얼마나 좋은데. 경치를 다 내 것으로 가질 수 있고, 아침에 서두를 필요 없이 명상을 할 수도 있잖아. 이따 구경시켜줄게."

애런은 서른세 살로 IT 프로그래머인데 미국 샌디에고에서 5년간 다니던 직장을 3월에 그만두었다. 그는 이번 스페인 여행을 마치면 당분간 말레이시아에 머문 뒤 새 직장을 찾을 예정이라고 했다.

'어디로'보다 '어떻게' 애런의 길 찾기

"카미노를 걸으려고 직장을 그만둔 거야?"

"설마, 그럴 리가. 원래 미국에서 5년만 살 생각이었어. 다니던 회사가 구조조정을 한다고 흉흉했는데 그때 보니 미국에서 산 지 딱 5년째더라. 아, 그만둘 때가 되었구나, 하고 떠난 거지."

그의 가족은 전 세계에 흩어져 있다. 항공기 조종사인 아버지와 어머니는 중국에, 동생은 미국의 다른 주에서 각각 산다. 애런은 북미 지역에서 오래 살았지만 자기랑 맞지 않는 것 같아 다른 나라에서 직장을 찾을 거라고 했다.

"말레이시아, 캐나다, 미국, 그다음엔 어디를 가려는 거야?"

"글쎄……, 브라질? 아니면 뉴질랜드? 나도 몰라. 생각 중이야."

그는 더 나이가 들면 한곳에 정착하고 싶어질지 모르겠지만 아직은 경험을 더하고 자신이 어떤 사람인지 알고 싶다고 덧붙였다.

"카미노를 걷는 것도 그래서인 거야?"

"그렇기도 하고, 음……. 내가 카미노에서 원하는 건 행복을 가로막는 마음속 장벽을 제거하는 거야."

별 뜻 없이 던진 질문에 추상적인 답이 돌아오니 뭔가 서걱거리는 느낌이었다. 그게 열흘 만에 가능한 일일까. 어쩌면 순간에 이루어질 수도, 반대로 평생이 걸릴 수도 있는 일이지만 열흘짜리 보행의 목표치곤 다소 거창하게 들렸다.

내가 아무런 대꾸 없이 가만있으니 좀 이상해 보였나 보다. 속마

라바날 알베르게에서 순례자들이 햇볕에 말리기 위해 벗어놓은 신발들

음을 감추는 일에 늘 젬병인 내 표정이 또 뭔가를 누설한 모양이었다. 애런이 웃으며 물었다.

"왜? 이상해?"

"응? 아니, 정말 아냐! 뭐가 이상해. 근데, 시간 여유가 더 있으면 좋을 텐데."

"그래. 아쉽지만 별수 없지. 사실 난 너처럼 진짜 순례자는 아니니까."

"진짜 순례자? 그게 무슨 뜻이야?"

"길을 처음부터 끝까지 다 걷는 사람들 말이야. ……처음부터 끝까지라고 말하니까 좀 어색하긴 하다. 사실 자기가 원하는 만큼만 걸으면 그만인데."

애런이 뭐라 타박한 것도 아니었지만 밥을 먹는 내내 '진짜 순례자'라는 말이 못내 찜찜했다. 카미노가 중반을 넘어서고 도중의 대도시에서 짧은 순례를 시작하는 사람들이 점점 늘면서 알게 모르게 '처음부터' 걸은 사람과 그렇지 않은 사람들 사이에 은밀한 구분이 생겨나곤 했다. 애런이 말한 '진짜 순례자'가 풍기는 뉘앙스도 그런 종류였다.

애런처럼 카미노의 중간 지점에서 시작한 사람들은 피레네 산맥을 넘어온 사람들을 감탄어린 눈으로 바라보았다. 반면 오래 걸어온 사람들은 도중에 시작한 사람들 앞에서 은연중 으쓱해하며 '초보 순례자'를 살짝 낮춰보는 경우도 종종 있었다. 애런을 대하는 내 태도에도 신참 이등병 만난 고참 상병 마냥 우쭐한 티가 전혀 없다고는 할 수 없었다.

'진짜 순례자'와 그렇지 않은 순례자를 구분하는 기준은 걸어온 거리에만 있는 게 아니었다. 그런 구분을 하자고 치면 끝도 없이 만들어낼 수 있다. 걷는 사람은 자전거를 타고 가는 사람을, 잘 걷는 사람은 도중에 버스나 기차를 탄 사람을, 알베르게에서 묵는 사람은 호스탈에서 묵는 사람을, 배낭을 멘 사람은 배낭을 택시로 부치고 맨손으로 걷는 사람을, 경건한 순례자들은 밤마다 무리지어 술 마시는 젊은이들을 각각 하수(下手) 취급할 때가 종종 있었다.

심지어 중등산화와 속건성 등산복으로 무장한 사람이 면 티셔츠를 입고 운동화를 신은 사람 앞에서 으쓱하는 경우도 있다. 초반에 어처구니없게도 내가 마운틴 폴이 없는 한국 아이들을 '준비 없이' 왔다고 짜증스러워했듯 말이다. 그렇게 사람들한테서 언뜻언뜻 감지되는 기운을 그러모아 하나의 기준을 만들어 '진짜 순례자'를 가려낸다면 난 일찌감치 탈락이다. 처음부터 호스탈에 묵었고 여러 번 택시로 배낭을 부쳤으며 기차도 탔고 무리지어 떠들며 새벽까지 술을 퍼마시기도 했다.

그 딱딱한 기준에 들어맞는 건 내가 어쨌든 크레덴시알을 처음 나눠주는 생장피에드포르에서 출발했다는 사실과 몇 년 전부터 산에 다닌답시고 사들였던 등산화와 등산복 등 값비싼 장비밖에 없었다. 그렇다고 내가 형편없는 순례자일까? 그건 또 받아들일 수 없다.

물론 '진짜 순례자'를 가려내는 공식적인 기준이 하나 있다. 산티아고에 도착해서 순례자 증서를 받으려면 산티아고까지 마지막 100킬로미터(자전거를 탄 순례자는 200킬로미터)는 탈 것을 이용하지 않고 걸어야 한다. 그 구간 안의 알베르게에서 매일 크레덴시알에 도장을 받았는지 확인한 뒤 증서를 만들어준다고 했다. 요즘은 100킬로미터를 다 걷지도 않고 특이한 기념품 삼아 순례자 증서를 요구하는 사람들이 부쩍 늘어난 바람에 하루에 도장 두 개를 받아야 한다는 소문도 돌았다. 애런에게 그 이야기를 해주자 그가 어이없다는 듯 피식 웃었다.

"왜들 그러는지……. 산티아고에 가서 증서를 받는 게 왜 중요하지? 순례를 했다는 걸 자기가 알면 되지 남에게 인정받을 필요가 뭐 있어."

걷지도 않고 증서를 요구하는 것이든, 걸은 거리와 길에서의 태도를 비교하며 겉모습으로 진짜를 판단하는 것이든 '진짜인 척'하는 태도는 모두 우스꽝스러웠다. 나도 모르게 내 포즈에 그런 기운이 스며들었나 싶어 스스로를 돌아보게 되었다.

중요한 건 제 깜냥만큼 열심히 걷고 전념하고 추구하되 집착하지 않는 태도일 것이다. 불가의 가르침처럼 "내가 이 일을 하는 것 자체는 나에게 무한히 중요하지만, 내가 하는 일이 대단하다는 생각이 고개를 들 때마다 그걸 비웃을 수 있는" 태도를 배우고 싶었다.

워커스 하이(Walker's High)

애런과 저녁 7시에 수도원에 딸린 작은 성당에서 그레고리안 성가로 부르는 저녁 기도에 참석하기로 약속한 뒤 헤어졌다. 라바날에 오던 길에 들었는데 이 마을의 가우셀모(Gaucelmo) 알베르게는 꼭 한번 묵어볼 만한 곳이라고 했다. 가우셀모 알베르게의 자원 봉사자들은 순례자들이 만든 단체인 영국의 '성 야고보 협회(Confraternity of St. James)'에서 파견된 사람들이다. 알베르게를 운영하는 수도원에서는 산티아고까지 순례를 마친 순례자들이 돌아와 여행을 되돌아보고 정리할 수 있는 피정 프로그램도 운영한다고 들었다.

침대가 스물네 개밖에 없다고 해서 서둘러 달려갔다. 그새 사람들이 부쩍 늘어난 바람에 하마터면 침대를 얻지 못할 뻔했다. 이날은 유난히 한국 사람들이 많았다. 론세스바예스에서 만난 한국인 가족 순례자들, 전날 아스토르가에서 알베르게 위치를 알려준 나이 지긋한 부산 아저씨도 모두 이곳에 묵었다. 호스피탈레로가 "보통 여러 국적의 사람들이 섞여 있기 마련인데 오늘은 독일 사람 열한 명, 한국 사람 일곱 명 그리고 이탈리아 사람이 전부예요" 하면서 놀라워했다.

마을의 인터넷 카페에서 친구들에게 이메일을 쓰고 난 뒤 시에스타로 인적이 끊긴 동네 골목을 하릴없이 어슬렁거렸다. 뒤에서 누가 부른다. 애런이었다. 만나기로 한 시간까지 한참 남았는데 그도 딱히 할 일이 없어 마을 구경을 하고 있었던 모양이다.

"이 마을엔 캐릭터가 있어. 이것 좀 봐."

쨍한 햇볕과 그늘이 잘 어울린 돌담길, 작은 화단에 핀 꽃, 목재를 쌓아둔 낡은 창고의 깨진 창문 사이로 스며든 햇볕……. 미세한 풍경들이 그의 카메라에 가득 담겨 있었다.

"사진을 아주 잘 찍네! 전문가 같아."

"그냥 취미야. 사진 찍는 사람의 눈으로 보면 세상이 다르게 보여. 똑같은 빛이 없고 똑같은 구름이 없어. 중립적인 풍경이라는 게 없어. 늘 독특해. 이 길바닥도 봐. 여긴 부드럽고 또 저쪽은 날카로워 보이고, 모두 다르잖아."

사소한 차이를 포착해내는 시선이 섬세했다. 그가 새삼 달리 보였다. 휴일 오후, 인적이 드문 마을 골목길을 둘이서 천천히 걸었다. 그는 유년 시절 이후 이렇게 평온한 마을에는 처음 와본다고 했다. 난 시골에서 자란 사람이라 그런지 그의 과장된 감탄에 웃음이 터져 나왔다.

산티아고의 상징인 조개껍질로 장식한 길거리의 초미니 화단

"정말? 애런! 너한테 도대체 무슨 일이 있었던 거니?"

"계속 '앞으로, 앞으로!' 하는 삶을 살았으니까……. 영화〈스피드〉봤지? 지금까지의 내 인생이 꼭 거기 나오는 버스 같아. 터질까 봐 속도를 늦추지 못하는 버스 말이야."

그는 카미노를 처음 걸어본 이날도 목적지에 빨리 도착해야 한다는 강박 때문에 걷는 행위와 풍경을 충분히 즐기지 못했다고 했다.

"내가 꼴찌로 도착해서 잠잘 곳도 못 찾을까 봐 너무 빨리 걸었어. 라바날까지 20킬로미터를 걷는 데 4시간도 안 걸렸다니까."

"별 걱정을 다 하네. 텐트까지 있으면서. 천천히 걸어. 경주하는 것도 아니잖아."

"그러게……. 그런데 넌 걷는 게 힘들지 않아?"

"힘들어도 '워커스 하이(Walker's High)' 덕분에 견딜 만해."

"워커스 하이? 그게 뭔데?"

'워커스 하이'는 마라토너들이 경험하는 절정감을 일컫는 '러너스 하이(Runner's High)'에 빗대어 내가 만든 말이다. 3년 전쯤 달리기를 한동안 취미로 삼아 하프 마라톤을 뛰어본 적이 있다. 달리기 시작하는 초반에는 숨이 턱에 닿을 듯 힘들고 무거운 다리로 고통스럽기만 하다. 하지만 반환점을 돌아 한참 달리다 보면 어느덧 숨이 가쁜 느낌과 다리의 통증이 의식 속에서 사라지고 온전히 달리는 행위만 남는 순간을 만나게 된다. 미처 알아차리기도 어려울 정도로 짧은 순간이지만 적어도 그 순간만큼은 에고와 집착을 버

라바날의 작은 골목길. 애런이 이렇게 평온한 곳엔 처음 와본다고 감탄했던 동네다.

리고 공허와 터무니없는 기쁨, 더 큰 힘과의 조화 속으로 내달리는 듯한 느낌에 황홀했다.

사실은 그게 정확하게 '러너스 하이'인지도 분명하지 않다. 내 멋대로 어떤 절정을 겪었다고 생각해버리는 것인지도 모른다. 어쨌든 카미노를 걸으면서 그때와 비슷한 순간을 몇 번 경험했다. 반복적인 보행의 리듬에 맞춰 오래 걷다 보면 다리의 뻐근함, 발의 통증, 배낭의 무게에 대한 의식이 서서히 지워질 때가 있다. 몸이 가벼워지고 정신과 온 신경이 순수한 진공 상태로 빠져드는 듯한 기분. 내 안의 텅 빈 공간, 어떠한 생각도 없이 잠시나마 자아의 하찮은 주장을 몰아낼 수 있는 마음속의 공간과 마주하는 순간. 오래 지속되진 않았지만 그걸 알아차릴 때마다 여행의 목적을 완수한 듯 뿌듯해졌다.

내 딴엔 애써 '워커스 하이'의 멋진 느낌을 설명하고 있는데 애런이 툭 말을 잘랐다.

"고통이 사라진다고? 오, 그거 별로 좋지 않은걸."

"무슨 소리야?"

"마라톤이나 장기 도보 여행이나 고통 때문에 하는 건데, 가장 중요한 이유가 사라지는 거잖아."

"참, 나…… 마조히스트처럼 이야기하네."

"고통을 실컷 느끼고 나면 뭔가 달라질 거라는 기대감 때문에 그 먼 거리를 참고 걷는 것 아냐?"

 '어디로'보다 '어떻게' 애런의 길 찾기

뜨악해졌다. 고통을 통해 뭔가를 얻기 위해 참고 인내하는 것과 지금 하는 일이 좋아서 열중하고 그 몰입의 결과물로 뭔가를 얻는 것은 다르지 않을까. 물론 그저 좋아서 몰입하는 열망도 저절로 생기지 않는다는 것은 안다. 어떤 경험이든 거기에 충분한 시간과 노력을 들여야만 더 하고 싶은 열망이나 의지가 생겼다.

카미노를 걷는 것도 그랬다. 내가 게으른 보행자였을 땐 더 걷고 싶은 마음이 전혀 들지 않았다. 몸이 뻐근한데, 길이 험한데, 비가 오는데, 그냥 하기 싫은데 그만두는 게 어때 하고 끊임없이 속삭이는 마음속 저항감과 싸우며 꾸준히 걸어야 비로소 걷는 행위가 좋아지기 시작했다. 하지만 애런의 말처럼 '고통 없이는 얻는 것도 없다'는 정서에 짓눌려 더 빨리, 더 오래, 더 많이 걷고 달리려 드는 건 그것과는 다른 차원의 이야기 같았다.

일상에서 나도 종종 곤란을 겪던 문제였는데 '고통을 참고 더 열심히'라고 스스로를 다그치는 경우, 얼마나 해야 '더 열심히' 하는 것인지가 모호했다. 내가 하고 싶은 일에서 스스로를 좋게 여기고 자족할 만큼이 아니라 '잘하는 다른 사람들만큼'이 기준이 되어버릴 땐, '더 열심히'는 만성적인 좌절의 근원이 되어버리곤 했다. 세상에 나보다 잘하는 사람은 쌔고 쌨으니까.

애런의 말마따나 〈스피드〉의 버스처럼 속도를 늦추면 안 된다고 계속 스스로를 다그쳐도 결과가 실망스러울 때, 곧잘 결론은 '나는 최선을 다하지 않았다'로 귀결되곤 했다. 좀 이상하게 들릴지 모르겠지만 실망스러운 결과를 놓고 늘 '나는 최선을 다하지 않았다'고 반성하는 건 스스로에 대한 속임수이기도 하다고 생각한다. 자식이 정말로 머리가 나쁘거나 영 적성이 맞질 않아 공부를 못하는데도 늘 "우리 애는 머리는 좋은데 노력을 안 해서 탈"이라고 한탄하는 엄마처럼 말이다. 어쨌건 그런 경우 자기 자신에게나 스스로 이룬 일에 만족한다는 건 거의 불가능했고 늘 문제는 '최선을 다하지 않는 나'였다.

몇 년 전에 만났던 한 심리학자에게 그런 불만을 털어놓은 적이 있다. 나는 최선을 다해 무엇을 해본 적이 한 번도 없다고. 나 자신을 초월해 무엇에도 미쳐보지 못했고 '이것을 위해 죽어도 좋다' 생각했던 게 한 번도 없었다고. 내 이야기를 듣던 그는 "당신의 문제는 최선을 다하지 않은 것이 아니라 늘 최선을 다해야 한다는 기준 그 자체"라고 꼬집었다. '최선을 다하자'만큼 성취에 집착하게 하고 완벽주의자적인 기준도 없다고 했다.

그의 조언은 이랬다. 손목에 예쁜 색의 고무줄을 하나 끼고 다녀보라고. 그래서 '최선을 다하지 못했다', '더 열심히 했어야 했다'는 종류의 자책이 떠오를 때마다 고무줄을 가볍게 튕기면서 스스로에게 이렇게 들려주라고 했다.

"가끔씩, '땡길' 때만 최선을 다하자."

너무 간단한 처방에 폭소를 터뜨리며 "땡기는 일에 최선을 다해도 잘 안 되면요?" 하고 물었더니 그는 한술 더 떴다.

"그럼 '아님 말고'인 거죠. 내버려두는 수밖에 더 있어요?"

그의 처방대로 정말 고무줄까지 끼고 지내보진 않았지만 스스로를 옭아매던 마음속의 줄 하나가 툭 풀린 듯한 해방감은 기억한다. 볼품없고 결함 많은 스스로가 이전보다 한결 편안해졌다. 물론 고통을 참고 열심히 노력해 지금보다 더 나아지려고 애쓰는 것까지 부정하려는 건 아니다. 하지만 내가 아닌 다른 존재가 되기를 꿈꾸기보다 나의 몸, 내가 가진 것으로 뭔가를 해보는 게 중요했다.

애런이 말은 마조히스트처럼 해도 설마 스스로 고통 받기를 원하기야 할까. 그는 고통을 참고 견디는 것을 통해 스스로 해야 할 일을 하고 있다고, 뭔가가 달라질 거라고 기대할 뿐이다. 문득, '고통 없이는 얻는 게 없다'는 식의 기대가 그가 제거하고 싶다던 '행복을 가로막는 마음속 장애물' 중의 하나가 아닐까 하는 생각이 들었다. 주제넘은 충고가 되어버릴까 봐 말은 하지 않았지만 애런의 열흘 후가 궁금해졌다. 고통을 통해 무언가를 얻기 위해 계속 스스로를 다그칠까, 아니면 속도를 늦춰도 터지지 않는다는 걸 경험하게 될까.

저녁 7시가 되어 성당에 가서 수도사가 그레고리안 성가로 부르는 기도를 들었다. 평소엔 여러 명이 합창을 하는데 이날은 수도사가 다 어디 가고 한 명밖에 없어 기대했던 것만큼 노래가 아름답진 않았다. 기도 후 순례자를 위한 축복까지 받은 뒤 성당 밖으로 나오는데 누군가가 큰 소리로 나를 불렀다. 마틴이었다.

"와아~!"

환성이 터져 나왔다. 마틴도 마주 환성을 지르며 다가오더니 나를 덥석 끌어안고 뺨에 입을 맞췄다.

"이게 누구야! 그동안 어디 있었던 거야, 도대체!"

익숙하지 않은 스킨십이 약간 당황스러웠지만 마음은 들떴다. 우주가 친절하게도 내 소원에 귀를 기울였던 모양이다. 저녁 8시가 다 되었는데 마틴은 이제 막 도착했다고 한다. 그와 애런을 서로 소개해주고 함께 저녁을 먹으러 갔다.

식당에 앉아 식사를 주문하고 나더니 '호기심 천국' 마틴이 또 애런의 신상을 꼬치꼬치 캐묻기 시작했다. 마틴도 별수 없었다. 신참 앞에서 폼 잡는 고참의 티가 역력했다. 마틴의 '폼 잡기'는 카미노 고참 순례자 차원에 그치지 않았다. 유럽 비행기 중 라이언에어가

라바날 성당 안의 검은 옷을 입은 마리아상

왜 그렇게 싼지, 애런이 주문한 차가운 수프 요리 가스파초는 어느 나라에서 유래됐는지 등등 식탁 위에 이야깃거리가 떠오를 때마다 "왠지 알아?"를 덧붙이면서 잡학을 과시했다.

은근히 뻐기는 마틴과 그에 지지 않는 그럴싸한 대답을 내놓으려 계속 부연 설명을 하는 애런을 보고 있자니, 처음 만나면 누가 더 센지 탐색부터 시작하는 수컷들의 드잡이질을 구경하는 것 같아 웃음이 나왔다. 한차례 탐색전을 끝내고 마틴이 애런에게 물었다.

"9·11 이후 미국에서 살기 힘들지 않니? 무슬림을 괴롭힌다면서."

"아, 난 가톨릭이야. 딱히 그런 건 없는데 한 번 우스운 일이 있었어."

직장을 그만두고 캐나다에 들렸던 애런이 4월 밴쿠버에서 미국 로스앤젤레스로 돌아올 때였다. 출국 심사에서 테러리스트 의심을 받아 공항 경찰의 심문을 받았다고 했다. 타야 할 비행기를 놓친 것은 물론이고 자잘한 소지품까지 전부 꺼내놓고 2시간 반 동안 조사를 받아야 했다. 공항 경찰이 애런을 테러리스트로 의심한 이유라는 게 듣고 보니 어처구니없었다.

우선 애런이 여권을 잃어버려 공항에 오기 며칠 전 캐나다 여권을 새로 발급받은 것부터가 문제였다. 그 좋다는 캘리포니아의 직장을 뚜렷한 이유 없이 그만두고 이슬람 국가인 말레이시아행 편도 비행기 티켓을 예약한 것도 의심 받았다. 말레이시아에 가기 전에 친구를 만난다면서 스페인에 들렀다 가는 일정도 수상했다.

애런의 수첩엔 '두려움을 없앨 것', '공격적인 상태를 유지할 것' 같은 메모가 적혀 있었다고 했다. 테니스를 배우면서 코치의 조언을 적어둔 메모였다. 하지만 공항 경찰의 눈에 이 메모는 영락없는 비행기 하이재커의 행동 강령으로 읽혔던지 점점 애런을 대하는 태도가 고압적으로 변해갔다. 더 황당한 일은 경찰이 애런의 가방 안에서 인도 음악 CD를 발견했을 때였다. 가수 이름이 '파타 알리 칸'인가 그랬는데, 테러리스트를 훈련하는 이슬람 극단주의자일지도 모른다는 의심을 부추겼던 모양이다.

애런의 소지품을 샅샅이 뒤지고 그가 밴쿠버에서 만난 친구들한테 다 전화를 해봐도 수상한 게 더 나오지 않자, 공항 경찰은 취조의 마지막 수단으로 CD를 틀었단다. 가사에 숨겨진 메시지가 있을지도 모른다면서.

"내 소지품에서 의심스러운 걸 발견할 때마다 점점 의기양양해지던 경찰의 표정을 잊을 수가 없어. 조사를 어찌나 열심히 하던지 감동적이기까지 하더라니까."

기가 막혀 함께 웃고 경찰 험담을 하면서도, 처음 만났을 때 "내가 어디서 왔는지 헷갈린다"고 했던 그의 말이 떠올랐다. 자신이 누구인지 증명할 준비를 늘 갖추고 살아야 하는 삶의 조건이란 또 얼마나 피곤할 것인지…….

식사를 마친 뒤 마틴이 담배를 꺼내 물었다. 스페인은 아무데서

'어디로'보다 '어떻게' 애런의 길 찾기

나 담배를 피울 수 있는 거의 마지막 유럽 국가다. 애런은 담배 연기가 싫은 모양인지 먼저 가보겠다고 일어났다. 마틴을 슬쩍 째려보며 담배는 나중에 피우고, 이따 같이 나가자고 해도 일단 일어난 애런은 굳이 가겠다면서 먼저 떠났다. 마틴이 애런을 쫓아낸 것 같아 얄미웠다.

"자, 이제 편하게 이야기를 할 수 있게 됐네."

마틴이 내 쪽으로 몸을 기울이며 윙크를 했다.

"너 왜 캐리온에서 그렇게 가버렸어? 내가 얼마나 기다렸는데."

그가 재미있는 일이 정말 많았다고 키득대면서 캐리온의 저녁 자리에서부터 있었던 여자들과의 해프닝을 줄줄 읊어대기 시작했다.

"저녁 식사 자리에서 마르타와 나 사이에 얼마나 팽팽한 성적 긴장이 오갔는지 몰라. 마르타는 벌써 카미노에서 만난 스페인 남자친구가 있는데……."

영화의 한 장면이 서서히 페이드아웃 되듯 마틴의 수다가 서서히 귀에서 멀어져갔다. 짜증이 치밀었다. 아, 이따위 이야기나 듣자고 내가 우주에게 마틴을 다시 데려다달라고 빌었나……. 나나, 우주나 괜한 짓을 했다.

그러거나 말거나 신나게 떠들던 마틴이 내 뜨악한 표정을 눈치챘는지 말을 멈추었다. 담배를 비벼 끄면서 "내가 왜 너한테 이런 이야기를 계속하는지 모르겠네" 하고 얼버무린다. 잠시 침묵하고 난 뒤 그의 어조가 달라졌다.

"있잖아. 네가 지금 무슨 생각을 하는지 알아. 톰이랑 너희들이 나더러 '베드 호핑' 한다고 놀린 것도 기억 나. 하지만 지금 나는 그럴 수밖에 없는 기간이라는 걸 알아줬으면 좋겠어. 지금 나한테 가장 절실하게 필요한 건 친밀감이야. 혼자 지내는 것보다 말이야."

"그래. 너 하고 싶은 대로 해. 누가 뭐래……. 그런데 오늘은 왜 혼자 왔어?"

"곧 크루스 데 페로가 나오잖아. 내 결혼반지 묻을 곳. 딴 데는 몰라도 거기만큼은 혼자 가야지. 반지를 묻고 나면 그 아래 마을에서 혼자 며칠 머물 거야."

그의 어조가 쓸쓸해졌다. 분위기도 머쓱해지고 더 할 말이 없어 일어섰다. 마틴과 방향이 같은데도 잘 가라고 작별 인사를 한 뒤 앞서 혼자 걸었다.

사람들은 다 나름의 문제를 안고 있었다. 한 사람은 혼자 자기 자신과 맞서야 한다는 과제를 설정해놓고도 끊임없이 그로부터 도망친다. 또 한 사람은 〈스피드〉의 버스 같은 삶을 바꿔 자기를 돌아보겠다고 결심했건만 여전히 뒤처질지 모른다는 두려움에 스스로를 다그친다. 우리는 과연 지금의 자기 자신으로부터 얼마나 달라질 수 있을까……. 맑은 공기를 크게 들이마시며 올려다본 밤하늘엔 별이 총총했다.

'어디로'보다 '어떻게' 애런의 길 찾기

카미노에서는 거의 매일 새벽에 길을 나선다.
새벽 하늘의 비현실적인 색감은 가끔 지금 걷는 길을 꿈길처럼 느껴지게 만든다.

한동안 애런을 만나지 못했다. 그가 궁금해 우주에 또 한 번 빌어볼까 생각하다가도 마틴을 다시 만나고 실망스러웠던 게 떠올라 관두기로 했다. 인연이라면 다시 만나게 되겠지. 무엇에서든, 누구에게서든 좋은 점을 발견하려고 노력할 것이지만, 붙잡아두려고 애쓰지 말자, 다짐했다. '아님 말고'인 거다.

며칠 뒤 다른 팀과 어울려 갈리시아 지방의 산동네인 오 세브레이로(O Cebreiro)를 향해 갈 때였다. 비바람이 심하게 불던 날 오후, 언덕 위의 바에 도착했다. 처마 밑에서 판초를 벗으며 창문 안을 들여다보는데 누군가 벌떡 일어나 손을 흔들며 달려 나왔다.

애런이었다. 며칠 전에 만났을 땐 표정이 쭈뼛거리며 남의 집에 온 손님 같더니만 지금은 카미노를 제 집처럼 느끼는 듯 밝고 편안해 보였다. 그는 이틀 전부터 함께 걷고 있다면서 노르웨이에서 온 마리온 자매를 소개해줬다.

"너랑 헤어진 다음 날부터 점점 속도가 느려졌어. 허리가 많이 아팠거든. 3일째 되던 날, 밤늦게 목적지에 도착하면서 또 불안해지더라고. 어쨌건 내가 누울 곳을 찾을 수 있고 사람들이 도와줄 거라고 생각하려 애를 썼지. 그날 마리온을 만난 거야."

'영적인 여행'을 꿈꾸던 애런에게 카미노는 딱 맞춤한 동행을 보내준 듯했다. 자매 중 언니인 마리온은 일본의 영적 치유법인 레이키(Reiki) 수련을 할 줄 알고 동생은 요가 강사라고 했다. 이들은 아침에 함께 명상을 하는 것으로 하루를 시작하며 밤마다 서로 마사지를 해주고 레이키 힐링으로 하루를 마감한다고 했다. 애런의 이야기를 듣다 보니 고통에 대한 그의 이론이 떠올라 짐짓 과장된 어조로 물었다.

"그래, 나의 친애하는 마조히스트! 네 고통은 너한테 뭘 말해주디?"

"몸을 더 잘 돌보라고 해주지. 하하! 친구들과 친해지게 만들어주고. 허리가 아파서 우울하다가도 서로 아픈 데를 이야기하고 마사지도 해주고 하다 보면 이 정도야 뭐, 하는 마음이 생겨."

"그렇구나. 이해할 만해."

"아프리카 속담에 이런 말이 있어. '빨리 걷는 사람은 혼자 걷고, 멀리 걷는 사람은 친구와 함께 걷는다'고. 그게 무슨 말인지 알 것 같아. 내가 지금 그렇게 하고 있거든."

새 친구들과의 만남을 신이 나서 들려주는 애런의 밝은 표정이 보기 좋았다. 처음에 누가 어디서 왔느냐고 물을 때마다 헷갈린다고 말할 때 얼굴에 드리웠던 그늘은 싹 걷혀 사라졌다. 다음 마을에서 혹시 보거든 저녁이나 같이 먹자고 인사하고 헤어졌지만 비가 퍼붓던 날이라 길에서도 그를 마주치지 못했다.

애런을 마지막으로 본 건 다시 3일 후, 포르토마린(Portomarín)의 레스토랑에서였다. 저녁 식사를 하러 다른 팀과 앉아 있는데 애런이 마리온과 함께 쑥 들어왔다. 같이 있던 친구들에게 양해를 구

'어디로'보다 '어떻게' 애런의 길 찾기

하고 애런의 테이블로 옮겨 앉았다.

마리온의 동생은 이미 떠났고 마리온도 다음 날 집에 돌아간다고 했다. 애런도 다음 날 버스를 타고 다른 마을에 가서 쉰 뒤 산티아고에도 버스를 타고 갈 예정이라고 했다. 애런은 허리가 계속 아파 더 이상 걷기가 어렵다면서 여행이 거의 끝나버린 것을 아쉬워했다. 그래도 지금까지 걸은 8일이 자기가 해본 어떤 여행보다 더 굉장했다고 단언했다. 지금까지의 삶이 〈스피드〉의 버스 같았다던 그의 묘사가 떠올랐다. 다르게 살 수 있다는 경험이라도 했던 것일까?

"정말 좋았던 모양이네. 그런데 무엇 때문인지 들려줄 수 있어?"

"글쎄, 설명하기가 좀 어려운데……. 카미노에서의 내 경험을 한 단어로 표현한다면 그건 음……, '확장(expansion)' 같아. '감각의 확장', '자기(self)의 확장', '관계의 확장' 같은 것."

애런은 주변 환경을 감촉하는 자신의 감각이 더듬이처럼 확장된 것 같다고 했다.

"초원과 언덕, 산길, 개울, 시골 마을을 돈키호테처럼 가로질렀어. 주변 환경과 이토록 친숙하게 관계를 맺은 적이 이전엔 없었거든."

또한 사회적 지위, 직업, 소유, 가족 등 어떠한 꼬리표도 없이 오로지 자기 자신으로서만 존재하고 그런 자신이 남들에게도 받아들여지는 '자기의 확장'을 경험했다. '자기의 확장'은 '관계의 확장'

을 통해서 가능했다. 마음에 맞는 사람들과 함께 걷고 관계를 넓혀 가면서 같은 목표를 향해 간다는 느낌, 고통과 기쁨을 공유했다. 그러면서 스스로를 이전보다 괜찮은 사람으로 느낄 수 있었다고 했다.

"일상생활에서는 자기 파괴적인 생각을 하느라 너무 많은 에너지를 낭비해버리잖아. 난 그랬거든. 그 에너지를 이젠 나 자신의 빛나는 부분에 집중해서 살 수 있을 것 같아."

"우와, 너처럼 그렇게 느낀 점을 잘 정리해서 이야기하는 사람은 처음 봤어!"

내가 감탄하자 그가 멋쩍게 씩 웃으며 말했다.

"매일 일기를 쓰면 너도 가능해."

애런의 말에 감탄하면서도, 의심이 많은 내 안에선 '과연?' 하는 질문이 또다시 꿈틀대기 시작했다. 자기가 확장된 듯 뿌듯한 기분이 어떤 건지는 이해할 수 있다. 하지만 그런 감정이 일시적인 운명을 벗어나지 못할 거라는 게 문제였다. 그렇지 않다면 나는 진작 지리산 꼭대기, 설악산 능선, 페루의 마추픽추에서 다른 사람이 되어 돌아왔어야 했다.

일상의 힘은 늘 낯선 곳에서 얻은 깨우침을 뛰어넘지 않던가. 아름다운 순간들은 그게 지속되지 않는 찰나이기 때문에 아름다운지도 몰랐다. 우리가 간직할 수 있는 건 그런 순간에 대한 기억뿐이지 않을까. 그러므로 내가 애런에게 "넌 길에서 얻은 게 정말 많구

'어디로'보다 '어떻게'   애런의 길 찾기

나" 하고 말한 건 스스로 달라졌다고 믿는 사람에게 보내는 가벼운 존중 이상은 아니었다. 그런데 애런의 다음 말이 회의적인 내 생각을 가르고 날아와 꽂혔다.

"응. 배운 게 많아. 널 처음 만났을 때도 말했지만, 산티아고가 어디인지는 정말 중요하지 않은 것 같아. 나는 내가 '산티아고 순례자'가 아니라 '카미노의 순례자'라고 생각해. 끝나지 않는 길의 순례자."

짧게 걸었지만 애런은 카미노를 어디에 도착할 수도 없고 완수될 수도 없는, 늘 현재진행형인 자신의 길로 받아들였다. 계속 살아가는 방식, 일상 속에서 매일 새롭게 시작하는 과정으로서 말이다. 카미노에서의 여행을 끝낸 뒤 집으로 가져갈 수 있는 건 금세 시들고 마는 벅찬 느낌이 아니라 이런 태도일는지도 모르겠다는 생각이 슬며시 머리를 쳐들었다. 이 길이 여기서 끝나지 않으리라는 생각을 한 건 이때가 처음이었다.

모두가 산티아고로 향하는 하나의 길을 걷고 있지만, 역설적으로 모두가 가야 할 단 하나의 길이란 아예 처음부터 존재하지 않았는지도 모른다. 각자 다 자신만의 길을 걷는다. 무엇이 최선이고 무엇이 가장 진정하다고 누가 말할 것인가. 처음부터 끝까지 정해진 길을 다 걸으면 그것 자체로 뭔가 완성되는 줄로 착각했던 내게, 애런은 다른 지평을 열어 보여주었다.

"Je te lance depuis Saint-Jacques, vieille Europe, un cri plein d'amour, retrouve-toi, sois toi-même, découvre tes origines, ravive tes racines, revis dans ces valeurs authentiques qui rendirent ton histoire glorieuse et ta présence dans les autres continents bénéfiques. Reconstruis ton unité spirituelle dans un climat de respect total des autres religions et des vraies libertés."

Le Pape JEAN-PAUL II.

Le Président de l'Association a l'honneur de recommander à toutes les Autorités religieuses et civiles, ainsi qu'aux Autorités militaires et de la Gendarmerie, ce Pèlerin qui entreprend vers Compostelle la traditionnelle pérégrination, à la manière des anciens pèlerins, et leur demande de bien vouloir lui prêter aide et assistance en cas de besoin.

믿음의 발견

'수호천사, 조와 조지'

신에 대한 관념은 결국 사람이 만들어낸 것이다.
신앙은 인생이 아무리 비극적으로 보여도
거기에는 궁극적으로 의미와 가치가 있다는
신념을 키워나가는 것이다.
뛰어난 예술이 불러일으키는 것도 결국은 그런 신념이었다.

카렌 암스트롱, 《마음의 진보》

CARNET DE PÈLERIN DE SAINT-JACQUES
"Credencial"

Les Amis du Chemin de Saint-Jacques
Pyrénées-Atlantiques

Camino de Santiago

산티아고 데 콤포스텔라
몬테 델 고소
아르수아
브레아
카사노바 마토
포르토마린
사리아
오세브레이로
트리아카스텔라
비야프랑카 델 비에르소
루이테랑
라바날 델 카미노
몰리나세카
아스토르가
비야당고스 델 파라모
레온
시아군
테라디요스
캐리온 데 로스 콘데스
프로미스타
카스트로헤리스
부르고스
오르니요스 델 카미노
아헤스
벨로라도
산토 도밍고
나헤라
로그로뇨
비아나
로스 아르코스
에스테야
푸엔테 라 레이나
팜플로나
주비리
론세스바예스
생장피에드포르

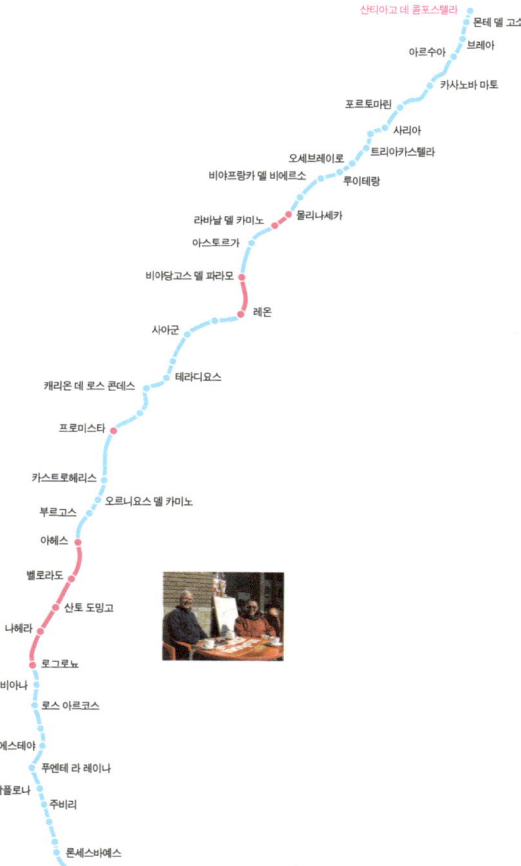

길눈 밝지 못한 수호천사

카미노에선 누구나 천사를 만난다고들 했다. 곤경에 처했을 때 예상치 못한 도움의 손길이 어디선가 나타난다는 것이다. 출발하기 전 순례기 몇 권에서 그런 말을 읽을 땐 별 관심도 없이 그냥 그런가 보다 했다. 내가 그런 경험을 하게 될 줄은 모른 채. 내게 찾아온 '수호천사'들은 영국 할아버지 조와 조지였다. 그들을 처음 만난 건 카미노를 걷기 시작한지 9일째 되던 날이다.

한국 아이들과 헤어져 로그로뇨의 호텔에서 묵은 다음 날, 몸의 긴장이 풀어진 모양이었다. 배낭이 견디기 힘들만큼 무겁게 느껴졌다. 방에서 나올 때 자물쇠도 버리고 나왔는데……. 몇 걸음 걷지도 않고 배낭을 풀어 전날 먹고 남은 바나나 두 개와 요거트 세 개, 빵 한 개를 모두 버렸다. 무게가 나가 봤자 얼마나 나갈까만 배낭 안에 버려도 될 만한 물건은 먹을 것밖에 없었다.

버린 물건 값을 속셈하며 쓰린 심정으로 도시를 벗어날 즈음, 앞에서 할아버지 두 명이 배낭을 내려놓고 레인커버를 벗겨 정리하는 게 눈에 띄었다. 출발할 때 약간 내리던 비가 그치고 먹구름도 말끔히 걷혔다. 나도 배낭의 레인커버를 벗겨내고 그 참에 좀 쉴까 싶었다. 할아버지들에게 다가가 옆에 배낭을 내려놓으며 물었다.

"저……, 오늘 일기예보 보셨어요? 비 더 안 온대요?"

"일기예보는 안 봤지만 더 정확한 예보관이 레인커버 벗겨도 된다고 하는데?"

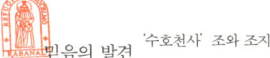
'수호천사' 조와 조지

한 할아버지가 자기 무릎을 가리키면서 익살맞게 대꾸했다. 폭소를 터뜨리며 인사를 나누었다. 영국 서머싯에서 온 예순다섯 살의 조와 조지. 열한 살 때부터 럭비를 함께하며 자랐고 고향에서 쭉 같은 학교를 다닌 친구 사이다. 둘 다 사업을 하다 은퇴한지 10여 년이 되었다고 했다.

할아버지들과 나란히 걷기 시작했다. 내가 길에서 발견한 마운틴 폴의 쓰임새가 하나 더 있다. 배낭 무게 분산용 받침대의 용도다. 배낭끈 때문에 어깨 근육이 찢어지지 않을까 걱정될 만큼 아플 때면, 마운틴 폴을 뒤로 돌려 수평으로 배낭 밑을 받쳐 올린 채 붙잡고 걸었다. 오래 못 가는 응급처방이지만 어깨가 짓눌리는 느낌은 잠시나마 덜했다. 그런 자세로 어기적거리며 걷는 나를 보더니 조가 잠깐 서보라고 했다.

"이런, 배낭을 왜 그렇게 멨어? 등에 무거운 걸 짊어져본 적이 한 번도 없구나?"

배낭 허리끈을 푼 뒤 조가 어깨끈을 잡아당겨 배낭의 높이를 조정해줬다. 그런 다음 허리끈은 다시 단단히 묶고 가슴 위쪽의 끈 조임은 느슨하게 하라고 알려주었다. 신기하게도 배낭끈이 어깨를 파고들 것 같던 통증이 사라졌다. 무거운 거야 여전하지만 한결 낫다. 고맙다고 연신 인사를 하는 나에게 조가 농담을 건넸다.

"배우는 게 하나라도 있어야 네가 늙은이들과 같이 걸어줄 거 아니니."

조는 아들이 둘인데 둘째 아들은 호주에 산다. 1년에 한 번씩은 호주에 가는데 도중에 서울이 들러볼 만한지 계속 내게 물었다. 조지는 딸 셋, 아들 하나인데 막내딸은 의대를 졸업한 뒤 피지에서 수련의로 일하고 있다고 했다. 그는 자신의 막내딸도 혼자 외지에 가서 씩씩하게 잘 산다면서 자랑스러워했다.

두 사람은 내가 가이드북 없이 혼자 걷는 걸 보고 "하늘이 네가 걱정되어 우리를 수호천사로 보내준 거야" 하고 농담을 했다. 하지만 '수호천사'들도 길눈은 밝지 못했다. 노란 화살표가 없는 갈림길 앞에서 가이드북을 손에 든 조가 왼쪽 방향을 가리켰고 그를 따라 족히 1킬로미터 이상 엉뚱한 데로 간 거였다. 길을 잘못 들게 했다고 조가 너무 미안해하기에 농담 삼아 웃으며 핀잔을 놓았다.

"수호천사가 길도 못 찾고, 뭐 이래요?"

"하하, 그러게. 천사도 나이 들면 가끔 그래. 엉뚱한 사람을 하늘로 데려가기도 하고."

길을 잘못 든 원래 지점으로 돌아 나오던 도중 조지가 물었다.

"그래, 한국의 젊은 아가씨가 여기까지 와서 혼자 걷도록 만든 건 뭐지?"

"그냥, 멀리 떠나서 혼자 있고 싶었어요. ……6개월 전에 남동생을 잃었거든요."

나도 모르게 불쑥 말이 튀어나왔다. 엉뚱한 사람을 하늘로 데려간다던 조의 농담에 남동생 얼굴이 떠올라 다리가 휘청거리던 터

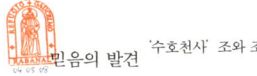

조(오른쪽)와 조지 할아버지

였다. 조지가 "아!" 하면서 내 팔을 가볍게 잡았다.

"나도 누나가 2년 전에 죽었어. 누나 때문에 여길 온 거야. 내 나이에 누나를 잃어도 슬픈데……."

희미한 동질감이 마음에 번졌다. 소중한 사람을 잃고 난 뒤 이 길을 걷는 사람이 나만은 아니었구나……. 계속 같이 걷고 싶었지만 조의 무릎 상태가 좋지 않은 탓에 할아버지들은 벤토사(Ventosa)라는 도시에 머물겠다고 했다. 벤토사에 같이 가자고 계속 권하는 걸 나는 좀 더 걷겠다고 말하고 마을 입구에서 헤어졌다.

"가끔 길을 잃는 수호천사라도 필요하면 길에 서서 크게 이름을 불러. 곧장 달려올게."

조가 이렇게 말할 때만 해도 그들을 다시 만나게 될 줄은 꿈에도 몰랐다.

할아버지들과 헤어져 혼자 걷는 길엔 인적이 뜸했다. 카미노에서 혼자 걸을 때면 도리 없이 남동생 생각이 떠올랐다. 하루 전까지만 해도 내 생일 축하 인사를 건네던 남동생을 다음 날 병원 중환자실에서 만났고 사흘 뒤 영영 잃었다. 느닷없이 순식간에 벌어진 일이라 이게 나쁜 꿈이 아니고 실제 상황이라는 것을 받아들이기조차 쉽지 않았다. 생각을 떨쳐내려 도리질을 쳐도 남동생의 마지막 모습이 계속 눈에 어른거렸다. 어떤 심연으로 빠져나가듯 핏기가 빠른 속도로 몸에서 걷혀갈 때, 그걸 막기 위해 할 수 있는 일이 전혀 없다는 절망감이 끔찍하도록 생생해 무릎이 푹푹 꺾였다.

남동생이 뇌사 상태에 빠져 생명이 꺼져가는 것을 속수무책으로 지켜봐야 했던 3일간은 이때까지 살아오면서 겪은 시간 중 가장 처참했다. 인공호흡기와 주렁주렁 달린 주사관이 없다면 겉보기에 남동생은 그냥 잠이 든 사람 같았다. 금방이라도 눈을 뜰 것 같은데 어떻게 좀 해봐 달라고 의사에게 집요하게 매달렸다. 젊은 의사는 단호하게 현대 의학으로 더 이상 할 수 있는 일은 없다면서 심장이 멎으면 심폐소생술을 할지 여부를 가족들이 미리 결정해달라고 했다. 그런 의사를 붙들고 나는 뇌사 진단이 정말 맞는지 CT 촬영을 다시 해보자고 우겨댔다. 피로로 눈에 핏발이 선 의사는 어이없다는 듯 고개를 절레절레 흔들었다.

"젊은 사람이라 말이 통할 줄 알았는데……. 이런 상황에서 이런 요구를 하는 보호자는 처음 봅니다."

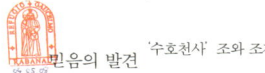

아무것도 할 수 없다는 죄책감이 분노가 되어 시도 때도 없이 터져 나왔다. 주변 사람들이 건네는 '희망을 잃지 말라'는 격려도 듣기 싫었다. 한번은 부모님을 찾아온 한 어르신이 자기가 아는 말기 암 환자가 병원에서도 포기했는데 희망을 잃지 않고 열심히 기도하고 노력해 회복됐다는 이야기를 들려주었다. 좋은 뜻으로 건넨 위로였지만, 옆에서 듣던 나는 속이 부글부글 끓어올랐다. 암 환자는 제 힘으로 투병이라도 해볼 수 있지 않은가. 이보다 더 절망적일 수 없는 사람에게, 아직도 간절한 기도가 모자란다고 질책하는 것처럼만 들렸다. 극심한 분노 한편으로는 혹시라도 내가 더 간절히 희망하지 않은 탓에 나쁜 일이 생길까 봐, 온 마음을 다해 남동생이 되살아날 것을 믿으려고 버둥거렸다.

'희망을 잃지 말라'와 '희망을 버리고 현실을 받아들여라' 둘 중 어떤 태도가 옳은지는 지금도 모르겠다. 돌이켜 보면 희망을 붙들고 끝까지 가능한 모든 소생 수단을 시도하려 했던 태도가 남동생이 아니라 살아 있는 사람들을 위한 것이 아니었을까 하는 죄책감이 밀려온다. '갈 수밖에 없는 사람을 자꾸 붙들면 편하게 가지 못한다'는 미신 같은 속설을 들을 때마다 그의 마지막 길을 괴롭힌 것만 같아 가슴을 쳤다.

반면 편집증 환자처럼 '그때 ……하지 말았어야 했는데', '만약 ……했더라면' 하는 가정을 수도 없이 해가며, 남동생을 잃지 않기 위해 어떤 조치를 더 취했어야 했다는 정반대의 죄책감도 수시로 번갈아 찾아들었다. 내가 의식을 갖고 마지막을 맞는 상황이라면 비관과 두려움, 분노 역시 희망만큼이나 정당하고 필수적인 감정일 거라는 생각은 한다. 하지만 그게 내가 아니라 사랑하는 사람일 때, 나는 속수무책으로 지켜봐야만 하는 상황일 때, 현실을 받아들이기란 말처럼 쉽지 않았다.

결국 희망 따위와 상관없이 들이닥친 현실은 가혹했다. 남은 가족들은 과거의 다툼, 핀잔, 꾸중 등 사소하기 짝이 없는 말과 행위가 죄다 남동생을 죽게 한 원인이라도 되는 양 각자 자신만의 '잘못'을 떠올리며 스스로를 후려쳤다.

참척을 당한 부모님의 마음의 상처는 느닷없는 심장 발작, 전신을 뒤덮는 두드러기처럼 몸의 통증으로 전이되어 수시로 나타났다. 통증의 진원지를 찾지 못한 채 죄다 '마음의 병'이라는 진단을 받을 때마다 사슬에 묶여 새에게 간을 쪼아 먹히는 프로메테우스가 떠올랐다. 그의 형벌이 고통인 까닭은 꼼짝없이 간을 쪼여 먹혀서가 아니라 날마다 간이 새롭게 생겨나 다음 날 다시 쪼일 수밖에 없다는 데에 있지 않은가. 매일 아침 눈을 뜰 때마다 새로 생겨나는 간처럼 다시 시작될 하루치의 비통이 두려웠다.

세상에 온 순서대로 세상을 떠나는 순리에 따라 살기를 원하는 게 큰 욕심도 아닐진대, 그것조차 쉽고 당연한 일이 아니었다. 남동생은 살아보지도 못한 나이를 살고 있는 내 삶이 순전한 우연처럼만 느껴졌다.

언제 종결될지 모르는 이 우연한 시간 동안 내게 정말 중요한 건 무엇일까. 남동생의 죽음은 지금이라도 늦지 않았으니 살아온 방식을 다시 한 번 생각해보라는 질문을 내게 던졌다. 한 번이라도 온전하게 사랑한 적은 있었는가. 늘 남의 눈을 의식하며 세상이 정해놓은 기준에 도달하기 위해 아등바등하면서 살아왔던 것은 아닌가. 어린 시절부터 내면화된, 성공해야 한다는 강박관념을 떨쳐내지 못하고 내 기준, 내 소망, 내 길을 발견하려는 노력조차 게을리했던 것은 아닌가……. 그 질문에 내 삶으로 대답해야만 했다.

이날 28킬로미터를 걸어 겨우 도착한 나헤라(Nájera)의 알베르게는 지저분하기 짝이 없었다. 순례자들의 등록을 받던 호스피탈레로가 이곳은 기부제로 운영된다면서 기부금 함을 가리켰다. 얼떨결에 8유로를 넣었는데 잠시 후 배정 받은 침대와 샤워장을 본 뒤 터무니없는 '거액의 기부'를 후회했다. 1유로도 아까울 만큼 지저분하고 눅눅했다. 2층 침대를 나란히 붙여 배치해두었는데 내 바로 옆에 덩치 큰 서양 남자를 배정해주는 바람에 동침하는 듯한 모양새가 되어버렸다. 인사를 하고 말을 트고 싶은 마음도 들지 않았다. 둘 다 난처해 애써 눈길을 피했다.

다음 날 도착한 산토 도밍고(Santo Domingo de la Calzada)의 알베르게는 시설이 양호했지만 이번엔 사람들이 사소한 일로 다퉜다. 순례자들이 늘 서로에게 우호적인 것은 아니다.

내가 배정 받은 방엔 미국, 스페인, 독일의 순례자들이 섞여 있었다. 미국에서 온 나이든 아저씨가 냄새가 지독하다고 호들갑을 떨면서 창문을 죄다 열어놓고 나갔다. 잠시 후 들어온 스페인 청년들이 춥다면서 창문을 모두 닫았다. 한 30분쯤 지났을까. 이번엔 샤워를 마치고 돌아온 미국 아저씨가 누가 이랬느냐고 투덜거리며 다시 창문들을 열어젖혔다.

이날 밤엔 비가 내리고 바람이 꽤 찼다. 침낭 속에 파묻혀 있던 스페인 청년들이 더 이상 참지 못하겠다는 듯 "제발 창문 좀 닫읍시다. 추워요!" 하고 소리를 질렀다. 고집 센 미국 아저씨도 이에 질세라 "안 돼, 열어놔! 이렇게 냄새가 고약한데 잠이 와?" 하고 맞받아쳤다.

몇 마디 거친 설전이 오가다 청년들이 응전을 포기한 듯 스페인어로 구시렁거리더니 잠잠해졌다. 그들이 이기길 바랐는데……. 걷기 시작한 지 열흘째. 알베르게에 묵는 게 처음도 아닌데 이 정도 냄새쯤이야 뭐가 대수랴. 하지만 추운 건 견디기 괴로웠다. 머릿속으론 내가 벌떡 일어나 창문을 쾅쾅 처닫고 미국 아저씨를 멋지게 제압하는 장면을 반복 상영했지만…… 고작 할 수 있는 일이라곤 방한용 폴라폴리스 재킷을 꺼내 입고 양말까지 신은 뒤 침낭 속을 다시 파고드는 것밖에 없었다.

찌뿌드드한 몸으로 일어나 벨로라도(Belorado)로 가는 길엔 강풍이 불고 폭우가 쏟아졌다. 그다음 날 벨로라도에서 아헤스로 가는 산길에서 조와 조지 할아버지를 다시 만날 때까지도 여전히 우울한 기분이 나아지지 않았다.

　가파른 산 위로 난 비포장도로를 걷는 건 한없이 지루했다. 꽉꽉한 길, 꽉꽉한 기분에 그냥 다 때려치우고 싶어졌다. 여행 전의 갈망처럼 나로부터 달아나는 건 불가능한 과제 같았다. 달라져보겠다고 꼼지락대다 번번이 포기했던 과거의 사소한 실패들이 줄줄이 떠올랐다. 나라는 인간이 별수 없지, 뭐……. 마을로 돌아 내려가 버스를 타고 산티아고에 가버릴까, 억지로 꾸역꾸역 걷는 것도 미련한 짓이지……. 그만둘 궁리를 하면서 언뜻 뒤를 돌아보았는데, 조와 조지가 걸어오고 있었다.

　두 사람은 나를 발견하고 양팔을 활짝 벌리며 다가오더니 영국식 인사라면서 양 뺨을 번갈아 가볍게 맞댔다. 며칠 만의 상봉을 반가워하며 그동안 어디서 어떻게 지냈는지를 이야기하던 끝에 산토 도밍고 알베르게에서 창문을 둘러싸고 벌어졌던 작은 실랑이를 들려주었다.

벨로라도 가는 길

"이거 듣다 보니 미안해지는걸. 산토 도밍고에서 우린 파라도르(Parador)에 묵었는데."

파라도르는 오래된 수도원이나 성을 개조해 만든 스페인의 고급 국영 호텔이다. 산토 도밍고 알베르게 부근의 파라도르는 겉보기에도 근사했다.

"산티아고에 도착하면 너도 파라도르에 한번 묵어봐. 대견한 일을 했으니 너 자신에게 선물을 하나 해줘야지. 아, 그런데 안타깝다! 예순다섯 살이 넘으면 15퍼센트 할인을 해주는데……."

파라도르 따위가 다 뭐람……. 내가 시무룩하게 대답했다.

"전 산티아고에 갈 수나 있을지 모르겠어요……."

"무슨 소리야. 우리 같은 늙은이도 가는데 네가 왜 못 가? 오늘이 며칠째 걷는 거지?"

"12일째요."

조가 중요한 이야기라는 듯 "들어봐" 하면서 걸음을 늦췄다.

"내가 예전에 마라톤을 했거든. 이래 뵈도 왕년엔 날렵했다고. 좌우간, 마라토너들이 대회 준비할 때 어떻게 연습하는 줄 알아? 간단해. 절반을 하면 나머지 절반도 할 수 있다는 거야. 연습할 때 20킬로미터 달리기가 어렵지 않으면 실전에선 풀코스를 뛸 수 있어. 걷는 건 더 쉽잖아. 넌 12일을 걸었으니 최소 24일을 걸을 수 있어. 그게 또 48일의 절반이 되니까 넌 48일도 걸을 수 있어. 48일이면 산티아고에 도착하고도 남지."

믿음의 발견 '수호천사' 조와 조지

좀 궤변 같기도 해 고개가 갸우뚱해졌지만 어쨌든 약간 기운은 난다. 할아버지들이 워낙 잘 걷는 바람에 그들을 따라가느라 지겨운 산길을 넘을 수 있었다. 계속 혼자였다면 아마 시간이 서너 배는 더 걸렸을 것이다.

두 사람은 마냥 흥겨운 듯 계속 콧노래를 흥얼거렸다. 조지는 스페인어를 곧잘 하는 모양인지 우리를 추월해가는 스페인 사람들에게도 간간이 인사를 건넸다. 조지가 내게 물었다.

"스페인어 할 줄 아니? 제일 좋아하는 스페인어가 뭐야?"

"여기 와서 몇 마디 배웠어요. 좋아하는 말이 딱히 없는데…….
아마 '우나 카페 콘 레체, 포르 파보르(Una cafe con leche, por favor: 카페 콘 레체 한 잔 주세요)?"

"그거 좋지. 조가 제일 좋아하는 스페인어가 뭔지 알아? 조, 자네가 말해볼래?"

"'우노 마스(Uno más: 하나 더)!' 바에서 맥주 마실 때 늘 하는 말이지. 아, 나는 이 말이 너무 좋아!"

술, 담배를 무척 즐기는 조는 보기와 달리 마라톤, 스키, 테니스를 즐기던 만능 스포츠맨이었는데, 2년 전 오른쪽 무릎을 인공관절로 교체하는 바람에 걷기 말고 다른 운동은 하지 못하게 되었다고 한다. 아내가 스키를 좋아하는데 겨울이 되면 어떻게 휴가 일정을 짜야 할지 걱정이라고 했다.

"인공관절인데 그렇게 잘 걷는단 말예요?"

"무릎만 그런 게 아냐. 나는 얼굴도 인조야."

조의 농담에 조지가 익살맞게 끼어들었다.

"그래서 조의 얼굴이 그나마 봐줄 만하게 된 거야, 하하. 산티아고에 도착했을 때 조가 어떻게 될지 보여주는 사진이 있어. 한번 볼래?"

조지가 굳이 배낭을 내려놓더니 엽서 한 장을 꺼냈다. 피골이 상접하고 수염이 덥수룩한 노인이 반라 차림으로 해변에 누워 있는 사진이다. 피지에 있다는 조지의 막내딸이 "아빠, 산티아고에 도착해서 이렇게 되지 마세요" 하고 적어 보낸 엽서였다.

시시콜콜한 농담을 주고받다 보니 마음이 가벼워졌다. 조가 나더러 오늘은 어디까지 갈 거냐고 물었다. 고도표에 적힌 대로 산후안 데 오르테가(San Juan de Ortega)에 갈 거라고 대답했더니 조가 가이드북을 뒤적여보곤 손을 내저었다.

"따뜻한 물도 안 나온대. 세상에, 끔찍하구먼! 3킬로미터만 더 걸어서 아헤스에 가면 새로 지은 알베르게가 두 개나 더 있어. 그리로 가. 우린 6킬로미터를 더 갈 거지만 넌 1시간이면 충분히 갈 수 있어. 기운 내라고, 이 아가씨야!"

아헤스 입구에서 그들에게 손을 흔들고 알베르게에 들어설 땐 우울이 싹 가셨다. 이날 할아버지들이 없었더라면 난 아헤스까지 가지도 못했을 것이다. 아헤스에 갔더라도 자기연민에 휩싸인 채 침낭 속에 파묻혀 질질 눈물이나 짜고 있었을지도 모른다. 바에 내

믿음의 발견 '수호천사' 조와 조지

려가 사람들에게 말을 붙여볼 엄두도 내지 못했을 것이고, 마틴 일행을 만나지도 못했을 것이다.

돌이켜보면 카미노에선 한 만남이 다른 만남과 연쇄적으로 얽혀 서로 영향을 끼치고 새로운 가능성을 열어주곤 했다. 매일 도장을 찍으며 텅 빈 크레덴시알을 채워나가듯, 스치듯 만나는 인연이 관계의 무늬를 그리며 텅 빈 공간을 채워주었다.

우리를 살게 하는 힘

할아버지들을 다시 만난 건 16일째 되던 날 프로미스타에서였다. 함께 걷고 있던 마틴이 저녁을 먹고 먼저 호스탈에 자러 돌아간 뒤 노천 바에 남아 할아버지들과 와인을 마셨다.

순례자들이 노닥거릴 때 곧잘 입에 올리는 화제는 다른 순례자들의 걷는 속도에 대한 이야기다. 암스테르담부터 이곳까지 줄곧 걸어왔다는 사람, 산티아고에 10여 일 만에 도착하겠노라고 하루에 50~60킬로미터씩 걷는다는 사람 등이 도마에 올랐다. 오직 빨리 도착하는 것을 목적으로 삼아 경주하듯 걷는 사람들이 대체로 안주거리가 되었다. 조는 마운틴 폴 소리를 들어보면 걷는 사람 성격을 알 수 있다고 했다.

"뒤에서 누군가 다가올 땐 대체로 마운틴 폴이 땅에 부딪히는 소리가 '촉, 촉, 촉, 촉' 이렇게 규칙적으로 나거든. 그런데 빨리 걷는 게 목적인 사람들이 다가올 땐 소리가 '초초초초초초촉' 이렇게 나. 좁은 길에서 그런 소리가 들리면 그냥 길옆으로 비켜줘야 돼. 어서 가시라고 말이야. 남들 추월하는 걸 자랑거리로 삼는 사람들이 있다니까. 여기까지 와서 뭐하러 그렇게 걷는지 몰라."

조에게 은퇴하기 전에 무슨 일을 했느냐고 물었더니 "오, 너무 멋진 일을 했지. 아마 믿지 못할걸" 하면서 빙글거렸다. 17년 전 은퇴하기 전까지 그는 여성 란제리를 만드는 공장을 경영했다. 종업원이 7백 명이나 되는 큰 회사였다고 한다. 숫자는 잊어버렸지만 일주일에 자기가 만든 브래지어와 팬티의 수를 들려주면서 "대단하지?" 하고 자랑했다.

조지는 군인이었다가 전역한 뒤 야채 과일 도매상으로 오래 일했다고 한다. 그는 휴대전화로 계속 어딘가에 전화를 하면서 축구 경기 결과를 물어보더니 갑자기 환성을 지르며 "예~, 맨체스터가 이겼대!" 하면서 천진하게 즐거워했다.

5일 뒤면 조지의 생일인데 고향 친구들이 함께 생일파티를 하러 레온에 온다고 했다. 조지는 "그 친구들이 사실은 우릴 감시하러 오는 거야" 하고 장난스럽게 덧붙였다.

두 사람은 카미노를 걸으면서 친구들로부터 스폰서십을 받고 있었다. 고향의 작은 호스피스(평온한 임종을 돕는 시설)를 후원하기 위한 스폰서십이다. 조의 어머니, 조지의 누나가 그곳에서 숨을 거뒀다. 10킬로미터마다 일정한 금액을 후원받는 방식으로 기금을

프로미스타 입구의 물길

모으는데 모두 5천 파운드를 모으는 게 목표라고 했다.

"후원금을 내기로 한 친구들이 우리가 약속대로 잘 걷고 있는지 감시하러 오는 거야. 걷겠다고 말만 해놓고 차타고 가버릴까 봐. 아주 무섭다니까. 하하!"

호스피스, 평온한 임종, 존엄한 죽음……. 그것과는 한참 거리가 멀었던 내 경험이 떠올랐다. 온갖 관이 주렁주렁 달려 있고 기계음이 삑삑거리고 의사와 간호사들이 바쁘게 뛰어다니며 사방에서 고성이 오가고 통곡이 터지던 어수선한 환경에 남동생을 마치 물건처럼 눕혀놓을 수밖에 없었던 일이 가슴에 사무쳤다.

나와 별 상관이 없는 줄 알았던 죽음을 '나의 일'로 생각하기 시작한 건 1년 전 느닷없이 암일지도 모른다는 진단을 받으면서부터였다. 암이 아니라는 최종 판정이 나올 때까지 일주일 동안 내 안에 잠복해 있던 모든 두려움이 수면 위로 떠올랐다. 종양 제거 수술 후 퇴원을 하면서 앞으론 두 번 다시 그 같은 두려움에 휩싸여 살고 싶진 않았다. 평생 죽음을 연구했던 정신과 의사 엘리자베스 퀴블러 로스(Elisabeth Kübler-Ross)의 책들을 찾아 읽으면서 "모든 두려움의 근원에는 죽음에 대한 두려움이 있다"는 말이 뇌리에 박혔다.

두려움의 실체를 마주 보고 싶어 한 병원에서 호스피스 자원봉사자 교육도 받았다. 교육을 받던 대부분의 사람들이 고통스럽고 무의미한 연명 치료에 매달리는 병원의 비인간적인 환경에 함께 분노했다. 존엄하게 죽을 권리가 보장되어야 한다고 생각했다. 하지만 정작 그 상황을 내 현실로 맞게 되니, 어떻게 해서든 남동생을 살려내야 한다는 맹목이 모든 걸 뒤덮었다. 달리 어떻게 할 방법도 없었다. 같은 상황을 다시 겪는다 해도 어떻게 '존엄한 죽음'을 도울 수 있을지 나는 여전히 모르겠다. 사랑하는 이에게 작별 인사조차 할 수 없었던 불운한 사람에겐 '존엄한 죽음'도 호사처럼만 느껴졌다.

남동생이 숨을 거둔 뒤 우리 가족은 조직 기증을 결정했다. 살아서 남을 돕기 좋아했던 그 녀석의 소망이 죽은 뒤에도 실현되도록 돕자는 생각에서였다. 하지만 그 역시 모든 것이 끝난 뒤의 일일 뿐, 당사자의 '존엄한 죽음'과는 관계없지 않은가.

형제의 죽음을 목격한 뒤 내겐 '존엄한 죽음'이 불가능한 이상처럼 들렸다. 떠나는 사람과 보내는 사람 모두 품위를 유지하며 엄숙하고 고요하게 맞는 그런 '존엄한 죽음'도 있기야 있을 테지만, 나와는 상관없는 일 같았다. 서툰 영어를 스스로 답답해하며 떠듬떠듬 내 생각을 설명하는데 조지가 이해한다는 듯 고개를 끄덕였다.

"있잖아. 호스피스에서도 늘 평온하게 숨을 거두는 건 아냐. 그건 자기가 원한다고 해서 선택할 수 있는 일이 아니야. 다만 최소한의 여건을 만들려고 노력할 수 있을 뿐이지."

"그렇다면 존엄한 죽음이라는 게 도대체 가능하기나 한 건가요?"

"그 누구도 대신할 수 없는 삶을 살았잖아. 그게 존엄한 거야."

조지의 말에 갑자기 눈물이 솟구쳤다. 한동안 나는 꿈과 계획이 많은 인생의 절정기에 허망하게 사라져버린 목숨에 어떤 의미가 있는지를 하늘에 대고 따지듯 물었다. 덧없다는 것 말고 무슨 의미가 있느냐고. 하지만 조지의 말대로 누구나 그렇듯 남동생은 '그 누구도 대신할 수 없는' 유일한 생애를 살았다. 지구상에서 오로지 그 아이만이 선사할 수 있는 기억을 가족과 사랑하는 사람들에게 남겼다. 조지의 말대로 존엄한 것은 우리가 사랑하는 사람의 유일무이한 생애뿐일는지도 모르겠다. 내 훌쩍임이 잦아들자 묵묵히 와인을 마시던 조지가 노천 바 앞의 성당을 가리키며 저기 들어가 봤느냐고 물었다.

"난 종교가 없어. 현실 세계의 종교는 권위적이라서 싫거든. 그런데 여기선 이상하게 계속 기도를 하고 싶어져."

나도 그랬다. 동행이 있건 없건 거의 매일 저녁 성당에 들러 촛불을 켜고 기도를 했다. 인구의 99퍼센트가 가톨릭이라는 스페인에는 어딜 가나 성당이 있다. 더구나 원래 종교적 순례 루트였던 카미노에선 성당을 마주치지 않고 하루가 끝나는 날이 없다시피 했다.

나는 가톨릭 유아세례를 받았지만 신앙이 없다. 가족 전체가 가톨릭이지만 나는 온갖 구실을 만들어 일요일 미사에도 거의 가지 않았다. 하지만 무슨 변덕인지 카미노에서는 가능하면 미사에 참석해 기도를 하고 싶었다. 동생을 위한 기도를 길 위에 숱하게 흩

뿌려놓으면 그 녀석의 안식에 조금이라도 도움이 되지 않을까 생각했다. 짧은 기도문을 만들어 매일 똑같은 기도를 되뇌었다.

"저도 매일 기도를 해요. 만약 영혼이 있다면, 노력해서 믿음을 갖는 게 가능하다면, 그렇게 해서라도 동생의 영혼과 연결되었으면 좋겠어요."

"맞아. 나도 그래. 우리 누나는 수녀였거든. 세상을 떠나기 전에 누나가 나더러 산티아고 가는 길을 걸어보라고 권유했어. 내가 믿음을 갖길 바란다면서. 그래서 여기 온 거야."

조지는 종교를 갖는 것보다 믿음을 갖는 게 훨씬 더 중요하다고 생각한다고 했다.

"더 큰 존재와 연결돼 있다는 믿음만 있으면 종교가 무엇이든, 기독교이든 이슬람이든 불교이든 아무 상관이 없다고 생각해. 심지어 종교 대신 우주를 믿을 수도 있다고."

"지금까진 어떤가요? 믿음을 발견했나요?"

"아직 모르겠어. 하지만 누나가 나를 위해 바친 기도의 힘은 믿어."

고개를 크게 끄덕이며 조지의 말에 동의를 표했다. 언젠가 우연히 막 사제 서품을 받은 신부들이 처음 집전하는 미사에 호기심으로 참석한 적이 있다. 그때 나보다 한참 어린 젊은 신부가 강론 시간에 들려준 말이 아직도 기억에 생생하다.

"사제의 길로 처음 들어설 땐 주변의 반대를 무릅쓰고 제가 제

길을 가는 거라고 생각했습니다. 힘든 길을 선택한 아들을 걱정하는 어머니에게도 '내가 받은 부르심이고 내 삶'이라고 단호하게 대답했습니다. 하지만 서품을 받고 보니 그 말을 철회하고 싶어집니다. 이제야 알겠습니다. 제가 저 혼자의 힘으로 살아가는 것이 아니라 어머니를 비롯한 수많은 사람들의 기도의 힘, 저를 사랑해주는 사람들의 기도의 힘으로 살아간다는 것을……"

콧날이 시큰해졌다. 전날 밤엔 미국에 사는 오빠가 보낸 이메일을 보았다. 식사 전에 가족이 함께 나를 위해 기도한다고 했다. 한국에 있는 부모님, 여동생과 통화할 때도 간곡한 염려가 전화선을 타고 전해져왔다. 내 안에서 믿음은 발견하지 못했지만 조지의 말, 사제의 말엔 동의할 수 있을 것 같았다. 나 혼자 살아가는 것이 아니라 사랑하는 사람들의 기도의 힘 덕분에 내가 살아간다는 것을.

조지와 이야기하다 보니 스스로를 오래 할퀴어온 죄책감이 누그러졌다. 남동생의 죽음 이후 누구하고든 내 경험을 이야기하면서 이렇게 마음이 따뜻해졌던 적이 거의 없었다. 낯선 사람과 낯선 언어로 나누는 이야기가 이만한 위로의 힘을 갖는다는 게 신기할 정도였다. 헤어지기 전, 약간의 술기운을 빌려 조지에게 다가가 두 팔을 벌려 안았다.

"고마워요. 정말 하늘이 제게 수호천사를 보내준 것 같아요."

믿음의 발견 '수호천사' 조와 조지

영혼이 기뻐할 만한 곳

기차를 타고 레온에 갔을 때는 길 위에서 보낸 지 21일째 되던 날이었다. 몸이 안 좋기도 했지만 도중에 잠시 쉬어가는 하프 타임을 갖고 싶어 레온에 이틀 묵기로 했다. 역사가 2천 년이 넘는 레온은 카미노에서 거쳐온 대도시 중 가장 크고 아름다웠다. 도시 중앙의 대성당에는 스테인드글라스가 백 개가 넘는다. 벽면 높은 곳의 스테인드글라스를 통과해 쏟아져 들어오는 빛의 무늬가 어둑한 성당 안에서 환각처럼 일렁였다.

레온에서 머물던 이틀째 날은 메이데이 휴일이라서 곳곳의 광장마다 파티가 열렸다. 간혹 지나다니던 시위 행렬조차 격렬하기는커녕 흥겨웠다. 가설무대에서 콘서트가 열리던 광장 가장자리 계단에 걸터앉아 청년들이 나눠준 체 게바라 전단지를 들여다보고 있는데 누가 아는 체를 했다. 조지였다. 옆에 처음 보는 사람이 서 있다.

"내 친구 데니스야. 내가 이야기했지? 우리가 제대로 걷는지 감시하러 친구들이 온다고. 이 친구가 그 감시관이야."

데니스와 악수를 나누며 조지에게 짐짓 과장된 어조로 말했다.

"메이데이에 '근로감독관'과 함께 지내다니, 안됐어요. 전 메이데이라 오늘 작파하고 놀아요."

데니스가 손을 휘휘 내저었다.

"무슨 소리! 메이데이니까 못 걷게 하려고 붙잡고 있는 중이야.

네 말대로 난 '근로감독관'이니까. 나랑 같이 온 에드윈은 지금 조를 낮잠 재워놓고 감시하고 있다고. 하하."

　전날은 조지의 예순다섯 번째 생일이었다. 이들은 고향에서 1500킬로미터 이상 떨어진 레온에 모여 청년 시절로 돌아간 듯한 기분으로 죽마고우의 생일파티를 벌였다고 한다. 조지 일행과 저녁 8시에 라틴 바에서 만나 함께 저녁을 먹기로 하고 헤어졌다. 바에 가기 전 할아버지들에게 줄 작은 선물을 샀다. 걷기 힘들 때 나타나 격려해주고 마음을 털어놓게 해준 그들에게 작은 감사라도 전하고 싶었다.

　노란 화살표가 새겨진 작은 열쇠고리를 받아든 조지는 감격해하면서 귀중품만 넣어두는 곳에 잘 간직하겠다며 티셔츠 가슴께의 포켓에 집어넣었다. 이날 새로 옮긴 알베르게에선 밤 9시 반에 수녀들이 순례자를 위한 축복기도를 해준다고 했다. 그 행사에 참석

레온 시내

하고 싶어 자리에서 먼저 일어났다.

수녀들이 노래로 불러준 순례자를 위한 축복은 다시 걷기 시작하는 세레모니로 썩 훌륭했다. 며칠 내리 호스탈에 머물다 다시 알베르게로 돌아오니 '이제 다시 시작'이라는 생각과 함께 가벼운 설렘마저 느껴졌다.

다음 날 아침 레온을 벗어날 때 도시 외곽의 바 앞에서 조와 조지를 다시 만났다. 데니스와 에드윈은 차를 타고 뒤에서 따라오는 중이라고 했다.

"그럼 그 차에 배낭을 부치지 왜 짊어지고 가세요?"

"그렇게 하면 마음이 불편해. 뭔가 정당하지 못한 방법으로 걷는 것 같아서. 딱 한 번 배낭을 차로 부친 적이 있는데 죄책감이 생기더라고."

그들은 매일 알베르게 대신 호스탈에 묵는 것 하나만 예외를 두었을 뿐 나머지는 '진짜 순례자'처럼 길 위의 일들을 전부 경험해보고 싶다고 했다. 호스탈에 묵는 것도 은근히 죄스럽게 느껴지는 모양이었다. 조가 눈을 찡긋하며 말했다.

"알베르게의 다른 건 몰라도 샤워장과 화장실은 도저히 견딜 수가 없어. 매일 깨끗한 화장실과 샤워실을 사용하는 정도의 사치는 누려도 되지 않아? 나이도 많은데."

레온에서 21킬로미터 떨어진 비야당고스(Villadangos del Páramo)를 3킬로미터가량 남겨둔 지점부터는 먼저 목적지에 가서 호스탈을 예약해놓고 돌아온 데니스도 차에서 내려 함께 걸었다. 데니스는 고향에 큰 딸기 농장을 갖고 있는데 과일 도매상을 했던 조지가 그의 딸기를 내다 팔기도 했다.

그들이 함께 자란 마을에는 로터리 클럽처럼 남성 전용 클럽이 있다고 한다. 멤버십 클럽으로 아무나 들어가지 못하고 각자 다 열쇠를 갖고 있다. 한 달에 한 번씩 전 멤버가 정장 차림으로 모여 식사를 함께하고 같이 골프를 치거나 스키를 타러 간다고 했다.

서로의 유년 시절을 기억하는 오랜 친구들과 노후를 함께 즐기는 그들이 부러웠다. 내 아버지에게도 그런 친구가 있었으면……. 이들에 비한다면, 몸이 부서져라 일하다 은퇴한 뒤 주변을 둘러보니 아무도 없는 걸 발견하는 한국의 노년은 얼마나 쓸쓸한가.

3일 뒤 라바날에서 몰리나세카(Molinaseca)에 갈 때 할아버지들을 다시 만났다. 라바날에서 출발한 길은 초반부터 언덕이라 잠깐 암담해졌는데 그들이 뒤에서 나타났다. 걷기 싫거나 우울할 때마다 어떻게 그렇게 꼭 할아버지들과 만나게 되는지 신기할 정도였다.

조와 조지는 계속 새 소리에 귀를 기울이고 모르는 꽃을 발견할 때마다 신기해하면서 십대처럼 꽃잎을 따 수첩 갈피에 끼워 말리면서 걸었다. 이날 할아버지들과 함께 넘은 산은 고도 1500미터로 카미노 전체 구간을 통틀어 가장 높은 곳이다. 꼭대기엔 '크루스 데 페로'라고 불리는 대형 철 십자가가 서 있다. 마틴이 결혼반지를 묻겠다고 했던 바로 그곳이다.

산길을 올라 맑은 하늘을 배경으로 위풍당당하게 서 있는 철 십자가 앞에 도착했다. 십자가의 발치엔 작은 언덕처럼 돌무더기가 쌓여 있었다. 순례자들이 고향에서 가져와 각자의 간절한 기원, 갖가지 사연들을 담아 쌓아둔 돌들이다. 돌무더기 위를 오르니 십자가 버팀목에 핀으로 꽂힌 사람들 사진이 펄럭거렸다. 세상을 떠난 사람들의 사진과 안식을 비는 기도문들이 함께 꽂혀 있었다. 그걸 보는 순간, '아, 여기다!' 하는 생각이 퍼뜩 들었다.

내 지갑엔 남동생의 작은 사진이 들어 있었다. 어느 지점일지는 미리 정해두지 않았지만 어디든 남동생의 영혼이 기뻐할 만한 곳에 묻어주고 싶어 미리 사진을 챙겨 왔더랬다. 주변을 살펴보니 십자가 버팀목 바로 뒤쪽의 오목한 공간에 내 부모님의 세례명과 똑같은 이름이 한글로 적힌 돌과 작은 묵주가 나란히 놓여 있는 것이 눈에 띄었다. 언제인지는 알 수 없으나 앞서 간 한국인 순례자가 놓아두고 갔을 터였다.

부모님의 세례명이 단정하게 적힌 작고 둥그런 돌들을 보는 순간 와락 눈물이 터져 나왔다. 설명할 수 없는 우연의 일치이지만, 작은 돌들이 바로 여기가 남동생을 위한 장소라고 일러주는 것만 같았다. 부모님 이름 바로 옆의 작은 틈새에 남동생의 사진을 밀어 넣고 다른 돌들로 그 위를 덮었다. 비틀거리며 일어서서 남동생의 안식을 비는 기도를 했다. 눈물을 펑펑 쏟다 못해 울음소리가 입에

크루스 데 페로

서 새어 나오기 시작했다.

조가 다가와 내 어깨를 쓰다듬었다. 조금 떨어진 곳에선 조지가 누나를 위해 바치는 듯 고개를 숙이고 기도를 하고 있다. 조에게 방금 남동생의 사진을 이곳에 묻었노라고 알려주었다. 울음 때문에 말도 제대로 할 수가 없었다. 잠시 혼자 있고 싶다고 말한 뒤 먼저 그곳을 떠났다.

혼자 산길을 걸으니 그동안 꾹꾹 눌러두었던 응어리가 토해지듯 불쑥 빠져나왔다. 체면이고 뭐고 없이 남동생의 이름을 부르며 엉엉 소리 내어 울었다. 네 영혼이 여기서 바람처럼 훨훨 날아다니며 자유로울 수 있기를. 카미노에서 가장 높은 곳, 사람들의 선량한 소원이 가득한 곳, 부모님의 이름 옆에서, 부디 편히 쉬려무나……

동시에 오래 붙들려 있던 질문에서도 비로소 놓여나는 듯한 기분이었다. 남동생을 잃은 뒤 오랫동안 나는 '왜 이런 일이 일어나야 했는가'라는 질문을 붙들고 몸부림쳤다. 무심히 길을 걷거나 뭔가를 먹다가, 혹은 멍하니 앉아 있다가도 갑자기 그 아이의 모습이 환영처럼 눈앞에 불쑥 떠오를 때면 발작처럼 격렬한 가슴의 통증이 뒤따랐다. 그럴 때마다 바보천치처럼 '왜 그 아이가 지금 여기에 없지? 어떻게 이럴 수가 있지?' 하는 질문을 던지고 망연자실해졌다. 부모님의 참혹한 고통을 지켜볼 때마다 분노를 참을 수 없어 하늘에 대고 종주먹질을 해댔다. 왜, 도대체 왜 이래야 했냐고……

'왜'냐는 질문을 던지고도 대답을 찾을 수 없어 고통스러웠다.

대답이 궁한 나는 그럴 때마다 어느 책에서 읽었던 하와이 원주민들의 말을 응급처방처럼 떠올리려고 애썼다. 인생을 파도라고 생각하라고. 파도가 자신이 바다의 일부분이라는 걸 모른다면 바위에 부딪혀 깨질까 봐 두렵고, 앞서 바위에 부딪혀 사라져버린 다른 파도의 죽음을 슬퍼할 테지만 바다의 일부분임을 깨닫는다면 슬퍼할 것도, 두려워할 것도 없다고……

질문에 대한 대답은 아니지만, 더 이상 '왜'냐고 묻지 않기 위해 나는 남동생이 완전히 사라지지 않았음을, 그 아이와 나는 서로 분리된 개체가 아니라 거대한 우주의 한 부분임을 믿으려고 버둥거렸다.

'왜'냐고 물으려면 그 아이가 여기 있는 게 당연하고 마땅해야 한다. 나는 온 마음을 다해 "당연하고 말고!" 하고 절규했다. 하지만 당연하고 마땅한 삶이라는 게 과연 있는가? 티베트의 속담처럼 내일과 다음 생 중 무엇이 먼저 찾아올지는 아무도 모르는 일이다. '왜'냐는 질문을 던진 뒤 내가 맞닥뜨린 것은 대답이 아니라, 삶이 당연하고 마땅한 거라고 믿어 의심치 않았던 나 자신의 오만함이었다.

고통의 이유를 구하는 질문과의 싸움에서 나는 자주 패배하는 쪽이었지만, 크루스 데 페로에 남동생의 사진을 내려놓으면서 어렴풋하게 이제 한 고비를 넘어가고 있는 것만 같았다. 여전히 고통에 대해 '왜'냐고 묻는 대신 선뜻 '예'라고 대답할 자신은 없다. 하

몰리나세카로 가는 산길

지만 크루스 데 페로에서 내가 치른 작은 의식(儀式)을 통해, 우리가 연결된 존재임을 상기시키는 공간적 좌표를 마음속에 새겨 넣은 듯한 기분이었다. 볼 때마다 이물감이 느껴지는 작고 차가운 납골함에 봉쇄되어 사라진 존재가 아니라 높고 아득한 곳에서 웃으며 훨훨 날고 있는 모습으로 남동생을 떠올릴 수 있을 것 같았다.

울음이 잦아드니 멀리 눈 덮인 산의 정상, 등성이마다 흰색, 보라색, 노란색으로 흐드러지게 핀 봄꽃들이 눈에 들어왔다. 카미노에서 가장 아름다운 길에 남동생을 내려놓아 조금씩 안심이 되었다.

한참 걷다 뒤를 돌아보니 할아버지들이 걸어오고 있었다. 멈춰서서 그들을 기다렸다. 조지가 내게 다가와 가볍게 팔을 잡았다가 놓으면서 부드러운 목소리로 물었다.

"이제 괜찮아?"

고개를 끄덕였다. 짙은 선글라스 덕분에 퉁퉁 붓고 벌개졌을 눈이 보이지 않아 다행이었다.

"그래. 잘했어. 크루스 데 페로에서 나도 울 뻔했어. 누나가 죽으면서 자기를 위해 울지 말라고 남긴 유언이 생각나서 겨우 눈물을 참았지……. 네가 찾던 믿음을 이젠 찾은 것 같니?"

"잘 모르겠어요……. 하지만 마음은 좀 편안해지기 시작해요. 내가 위로받은 것 같은 기분이 들어요."

"그래. 네 동생이 너와 함께 걷고 있을 거야. 지금까지도 그랬고

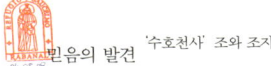
믿음의 발견 '수호천사' 조와 조지

앞으로도."

"고마워요……. 할아버지는 어떠신가요? 믿음을 찾으셨나요?"

"아직. 계속 찾는 중이야. 그런데 그게 그렇게 어려운 일이 아니라는 생각이 슬슬 들어."

조지는 천상의 비밀을 엿봐야만 믿음을 갖는 것이 아니라 자연 안에서, 매일 좋은 것을 발견하는 단순한 생활 안에서 믿음을 찾을 수 있지 않을까 생각한다고 했다.

"더 어렵고 복잡한 걸 이해해야만 믿음을 가질 수 있다면, 나는 더 찾지도 않을 거야. 내게 필요한 건 그런 게 아니니까."

어떤 필요인지는 더 묻지 않아도 이해할 수 있을 것 같았다. 믿음을 구하는 건 우리가 모두 약한 존재이기 때문이 아니던가. 내 경우에도 아이러니는 절대자의 존재나 그의 목적, 계획 따위를 전혀 믿을 수 없는 상황에 처해서야 비로소 믿음을 구한다는 거였다. 남동생이 어디선가 잘 지내고 있을 거라고 믿고 싶었기 때문이다.

인격신의 존재를 굳게 믿는 사람에겐 조지나 내가 구하던 믿음이 사이비처럼 보일는지도 모르겠다. 하지만 나는 신이 있어서 믿음이 생긴 게 아니라 믿음이 있어서 신이 생겼다고 생각한다. 우리는 모두 믿음의 발명자들이 아닐까.

내가 가장 동의할 수 있는 초월적인 존재에 대한 믿음의 표현은 미국 우주비행사 에드워드 깁슨의 말이었다. 그는 자신이 "불가지론자, 모르는 게 옳다고 말하는 적극적인 불가지론자"라고 말했다.

물리학자이기도 한 그는 우주에 다녀온 뒤 신은 패턴이라고 생각한다고 했다. 우주에서는 만물에 질서가 부여되어 있고 모든 사물과 현상이 조화를 이루고 있으며 균형을 이루고 있다는 것, 즉 거기에 하나의 패턴이 있다는 사실을 발견했다고 한다. 예부터 인간은 그런 패턴의 배후에 인격적 존재를 상정하여 거기에 다양한 신의 이름을 부여했다는 것이 그의 생각이다.

'우주'라고 부르는 전체 세상의 일부인 사람과 사물들, 그 조화 안에서 우리가 모두 연결되어 있다는 믿음, 그 연결 덕분에 덧없는 삶에도 의미와 가치가 있다는 믿음을 갖고 싶었다. 이날 크루스 데 페로를 지나오며 그런 믿음의 싹이 어렴풋하게 돋아난 것 같기도 했다.

산을 내려와 정오쯤 엘 아세보(El Acebo)라는 마을에 도착했다. 조의 무릎이 좋지 않아 더 걷기 어려운 상태였다. 작별 인사를 할 때가 되었다. 지금까지도 여러 차례 만났다 헤어지기를 반복했지만 이번엔 왠지 '마지막'이라는 느낌에 휩싸였다. 크루스 데 페로까지 나를 이끌어준 수호천사들이 임무 종료를 선언하고 떠나는 것만 같았다. 조와 조지도 그런 느낌이었는지 헤어질 때마다 유쾌했던 예전과 달리 다소 굳은 표정으로 "금방 따라잡을 거니까 걱정 마", "며칠 뒤에 또 만나게 될 거야" 하는 인사를 건넸다. 이메일 주소를 교환한 뒤 조지가 작은 가죽 일기장을 펼쳐 내밀면서 "한국어로 한마디 적어달라"고 부탁했다. 조지가 내민 일기장엔 말린 꽃이 예쁘게 붙어 있었다. 꽃 옆에 또박또박 한글로 적었다.

"나의 수호천사가 되어주어 고맙습니다."

이날이 카미노에서 그들을 만난 마지막이었다.

다시 혼자 걷기 시작했다. 이날 몰리나세카까지 가는 길은 카미노 전체를 통틀어 가장 아름다웠다. 가파른 산길이지만 굴곡이 큰 산등성이마다 갖가지 색으로 피어난 꽃들 덕분에 저절로 충만해지는 기분이었다. 높은 산에 오를 때마다 나는 정복의 쾌감 대신 스스로가 한없이 왜소하게 느껴지는 느낌이 좋았다. 산등성이마다 흐드러지게 핀 꽃들 중 나를 위해 핀 꽃이 있으랴. 사람의 존재, 세상 모든 일과 무관하게 꽃은 피고 진다. 내가 거기 있건 말건 자연은 그저 그곳에 있다는 사실, 자연의 무심함을 자각할 때마다 나는 묘한 해방감을 느꼈다. 문명의 흔적이라곤 보이지 않는 곳에서 광대무변한 허공을 배경으로 끝없이 이어지는 산줄기는 티끌처럼 작고 사라질 운명인 인간은 이해할 수도, 통제할 수도 없는 거대한 흐름을 웅변하는 것만 같았다. 눈앞에 펼쳐진 산의 나이를 가늠할 수 없듯 인간의 차원보다 훨씬 위대한 무엇이 있다는 느낌을 갖게 했다. 그 앞에서 무릎이라도 꿇고 싶은 심정이 되었다.

도중에 한 농장 앞을 지나갈 때였다. 늙수그레한 남자가 눈에 띄기에 "올라(안녕하세요)!" 하고 인사를 건넸다. 늘 그랬던 것처럼 지나쳐 가려는데 그가 나를 손짓해 가까이 오라고 부르더니 방금 태어난 듯한 새끼 양을 보여주었다.

 새끼 양을 땅에 내려놓으니 네 다리로 제대로 버티지도 못해 비틀거렸다. 새끼 양을 가리키며 한참 뭐라 설명하는 그의 말을 전혀 알아들을 수 없었지만 표정으로 기쁜 마음은 이해가 되었다. 양이 태어나는 걸 보는 게 그 사람에겐 처음이 아닐 텐데도, 새 생명의 소식을 낯선 이에게라도 들려주고 싶을 만큼 그에겐 탄생이 여전히 경이로운 일인 모양이었다.

 오후 3시 반쯤 몰리나세카에 도착했다. 오른발에만 물집이 세 개 잡혔지만 아무렇지도 않았다. 동네 골목마다 민들레 홀씨가 떠다니고 장을 보거나 마을을 구경하는 순례자들로 넘쳤다. 만나는 사람들마다 오늘 걸은 구간이 전체 카미노에서 가장 아름다웠다고 찬사 일색이었다.

 아스토르가의 식당에서 합석했던 케빈을 이곳 알베르게에서 다시 만났다. 영국에서 온 그는 기타와 플루트를 짊어지고 다니면서 알베르게에서 밤마다 연주를 한다. 사람들과 교감하고 싶어서 배낭에 기타까지 짊어지고 걷는다고 했다. 케빈이 연주할 때마다 사람들이 주변에 모여들어 귀를 기울이고 노래를 따라 불렀다. 그는 악보를 읽을 줄 모른다. 멜로디를 듣고 그대로 연주하는 거라는데 실력이 뛰어났다.

 알베르게 앞의 벤치에 앉아 플루트를 불던 케빈이 건너편 벤치

'수호천사' 조와 조지

온 산에 흠뻑 꽃이 피었다. 저 중에 나를 위해 핀 꽃이 있으랴.
그러나 꽃길을 걷는 기분만큼은 온 산이 내 것인 양 충만하다.

에 앉아 있던 사람들을 가리켰다. 한 사람은 스페인어, 한 사람은 독일어를 쓰는데도 손짓을 섞어가며 계속 이야기를 하고 있었다.

"저 사람들을 봐. 말이 통하지 않는데도 서로를 이해하는 게 놀랍지 않니?"

케빈은 "저런 게 바로 카미노가 선물하는 기적일 거야"라고 말하며 다시 플루트를 불기 시작했다.

코까지 골면서 곤하게 잤다. 다리가 불편한 내 친구가 목발 없이 나와 함께 걸으면서 스페인 도시 골목을 누비는 꿈을 꾸었다. 잠깐 깼다가 다시 잤는데 이번엔 한국에서 잘 풀리지 않는 일 때문에 고통스러워하던 다른 친구가 목이 아프다고 호소하는 걸 보고 내가 약국에 달려가는 꿈을 꾸었다.

잠에서 깬 뒤 먹먹해졌다. 이때까지 사람들과 어울려 왁자지껄하게 걸어갈 때에도 거의 매일 꿈자리가 사나웠다. 주로 내가 가까운 사람들에게 화를 내거나, 가족 모임이 있는데 남동생이 보이지 않아 찾으러 헤매다 길에 주저앉아 우는 꿈들이었다. 그런 꿈을 꾸고 일어난 아침엔 마음이 무거웠다. 해소되지 않은 분노와 죄책감이 속에 가득 쌓여 있어 그러려니 했다.

형제의 죽음을 겪으며, 그가 살아 있을 때 잘해주지 못했다는 비통한 후회와 함께 나는 그 누구도 제대로 사랑해본 적이 없다는 반성에 가슴을 치곤했다. 나를 뛰어넘어 어느 누구에게도 헌신해본 적이 없는, 이 빈약하고 이기적인 사랑. 그런데 크루스 데 페로 이후 이날 밤 꿈은 달랐다. 아픈 친구가 나와 함께 걷거나 고통 받는 친구를 위해 내가 무언가를 하는 꿈……. 무의식 속에서 뭔가가 슬며시 꿈틀거리며 달라지고 있다는 희망이 생겨나기 시작했다.

이틀이 지난 뒤, 다시 꿈을 꾸었다. 이번엔 꿈에서 남동생을 보았다. 6개월 전 그 녀석이 떠난 뒤 처음이었다. 남동생이 가족과 함께 있는 장면이 너무 자연스러워서 잠에서 깼을 땐, 그게 내가 그토록 보고 싶어 했던 장면이라는 것조차 깨닫지 못했다. 꿈에서 남동생은 살아 있을 때처럼 실없는 농담을 하고 너털웃음을 터뜨렸다. 나는 자주 그랬던 것처럼 남동생에게 쓸데없는 소릴 한다고 구박하면서 짜증을 냈고 남동생은 "뭐 어때" 하면서 실실 웃었다.

꿈에서 막 깨어났을 땐 떠난 뒤 처음으로 만난 남동생에게 짜증을 냈던 게 미안해 울음을 터뜨렸고, 정신을 차린 뒤엔 평소 모습 그대로 웃는 얼굴로 내게 찾아온 남동생에게 고마워 계속 울었다. 카미노에서 운 날이 수도 없이 많았지만, 이날만큼 기쁜 마음에 흐느껴 운 적이 없다. "동생이 너와 함께 걷고 있을 것"이라는 조지의 말을 이젠 믿을 수 있을 것 같았다.

다시 걷기 시작하면서 포도밭 한가운데에서 남동생 이름을 소리 내어 부르며 외쳤다.

"인배야, 고마워! 잘 있어줘서. 누나랑 같이 가자!"

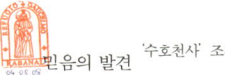

'수호천사 조와 조지

아름다움의 힘

카미노의 무슬림 일마즈

미국의 인디언들이 그렇게 대량 학살을 당하고도 살아남은 건 하나가 망가질 때마다 다른 하나의 아름다움을 만들어내면서 자신들의 온전성을 기억했기 때문이라고 한다. 아름다움은 내게 원초적인 균형과 조화를 기억시켜준다.

정현경, 《현경과 앨리스의 神나는 연애》

- 산티아고 데 콤포스텔라
- 몬테 델 고소
- 아르수아
- 브레아
- 카사노바 마토
- 포르토마린
- 사리아
- 트리아카스텔라
- 오세브레이로
- 비아프랑카 델 비에르소
- 루이테랑
- 라바날 델 카미노
- 몰리나세카
- 아스토르가
- 비야당고스 델 파라모
- 레온
- 사야군
- 테라디요스
- 캐리온 데 로스 콘데스
- 프로미스타
- 카스트로헤리스
- 부르고스
- 오르니요스 델 카미노
- 아헤스
- 벨로라도
- 산토 도밍고
- 나헤라
- 로그로뇨
- 비아나
- 로스 아르코스
- 에스테야
- 푸엔테 라 레이나
- 팜플로나
- 주비리
- 론세스바에스
- 생장피에드포르

아라비안나이트와 산티아고의 전설

'아……, 그냥 먼저 가주시면 안 될까. 제발……'

포도밭 사이를 가로질러 가던 이른 아침, 앞쪽의 숲길이 시작되는 지점에서 금발머리의 여자가 앉아 있다가 날 보고 일어나 손을 흔들었다. 내가 아는 사람일까? 기억이 가물가물했다. 게다가 좀 난감했다. 혼자 걷고 싶었다. 꿈에서 남동생을 보고 일어난 아침이었다. 남동생과 흐뭇하게 둘이서 걷고 싶었는데…….

내 속마음을 알 리 없는 그 여자가 반갑다는 듯 방글방글 웃었다. 가까이 가서 보니 아스토르가의 식당에서 만났던 산드라였다. 동행이 그리웠던 모양이다. 몇 시에 출발했느냐고 묻더니 배낭을 다시 짊어지고 같이 걸을 채비를 했다. 하는 수 없었다.

독일에서 온 산드라는 경찰관이다. 얼굴이 앳되어 보여 몇 살이냐고 물으니 오늘까진 스물세 살이고 내일 스물네 살이 된다고 한다. 나이 이야기를 하다가 한국에선 태어나자마자 한 살이 되고 새해에 모두 한 살씩 나이가 든다는 말을 괜히 꺼내는 바람에 설명하느라 애를 먹었다. 산드라는 "어떻게 전부 다른 날 태어난 사람들이 똑같은 날에 나이를 먹어요? 정말 신기하네" 하고 계속 고개를 갸웃거렸다.

산드라는 하페 케르켈링의 카미노 순례기를 읽은 뒤 재미있을 것 같다는 생각으로 6주 휴가를 내어 왔다고 했다. 그녀의 배낭은 내 것과 비교가 안 될 정도로 컸다. 배낭 무게가 무려 14킬로그램이나

나간다는데 힘든 기색도 별로 없다.

"장비를 전부 갖추고 경찰복을 입으면 무게가 10킬로그램이 넘어요. 그래서 이 정도는 견딜 만해요."

산드라는 카미노에 와서 먹는 양이 느는 바람에 무려 4킬로그램이나 살이 쪘다고 푸념이었다. 아닌 게 아니라, 저녁에 식당에서 보면 사람들은 참 많이도 먹었다. 먼 거리를 오래 걷다 보니 배도 고프거니와 다음 날도 배낭을 짊어지고 계속 걸으려면 많이 먹어둬야 한다는 생각 때문에 다들 큰 접시를 싹싹 비웠다. 그래도 대부분 체중이 그대로이거나 살이 쭉쭉 빠진다고들 했다. 여기 와서 살이 쪘다는 사람은 처음 봤다. 산드라는 살을 빼겠다고 점심도 먹지 않고 작은 도넛 봉지를 들고 다니며 그것만 먹었다. 설탕 덩어리인 도넛을 먹으면 살이 더 찌니까 같이 밥을 먹자고 권해도 막무가내다.

이날 걸을 길은 자동차 전용도로 옆의 보행자 도로와 산길 두 갈래였다. 산드라가 운동을 더 하자면서 산길로 올라가자고 꼬드겼지만 고개를 가로저었다. 엄두가 나질 않았고 산보하듯 느긋하게 걷고 싶었다.

산길 초입에서 산드라와 헤어진 후 느긋하게 걷다가 나보다 더 천천히 걷던 한 남자를 추월했다. "부엔 카미노!" 인사를 건네고 지나치려는데 그 남자가 카메라를 내밀며 사진을 한 장 찍어달라고 청했다. 사진을 찍은 뒤 그가 나도 사진을 한 장 찍겠느냐고 물었다.

"아뇨. 됐어요. 내 사진을 찍는 건 이제 재미없어졌어요. 만날 같은 옷만 입고, 다 똑같아 보이잖아요."

그가 빙긋 웃으며 수염이 삐죽삐죽 난 자기 턱을 가리켰다.

"여자들은 그게 문제군요. 우린 이게 있어서 표가 나는데."

터키에서 온 일마즈였다. 직장은 독일에 있는데 한 달 휴가를 내어 이 길을 걷는다고 했다. 일마즈는 카미노에서 만난 유일한 무슬림이다. 대부분의 순례자들은 종교가 없거나 기독교, 가톨릭 신자들이었다. 묻지도 않았는데 일마즈가 먼저 무슬림이 카미노를 걸으니 신기해 보이지 않느냐면서 사람들이 꼭 한 번씩 자기를 다시 쳐다본다고 했다.

"아냐. 이전에도 카미노를 걸었던 무슬림이 있었대."

며칠 전 알베르게에서 만난 독일 할머니에게서 들은 영화 이야기를 들려주었다. 괴팅겐 대학의 러시아어 교수였다가 정년퇴직한 잉에는 저녁 식사를 함께하면서 내게 카미노를 다룬 프랑스 영화 이야기를 해줬다. 제목이 정확하게 기억나지 않지만 '성 야고보─프랑스 길의 순례'쯤 된다. 막대한 재산을 가진 노부인이 세 자녀에게 재산을 물려주는 조건으로 함께 카미노를 걸으라는 유언을 남겼다. 돈밖에 모르는 큰아들, 알코올 중독자인 둘째 아들, 생활에 찌든 주부인 막내딸은 연락을 끊고 남남처럼 살아왔지만, 유언을 따르지 않으면 어머니의 재산이 온통 교회로 헌납되는 터라 할 수 없이 함께 카미노를 걷기 시작했다. 유언 집행 변호사가 가이드까

처음 걷기 시작할 땐 카미노 주변의 포도밭에서 검은 가지만 보였는데 어느새 파릇파릇 싹이 돋았다.

지 붙여주면서 만나기만 하면 서로 으르렁대는 이 오합지졸 팀을 길로 몰아냈다. 길에서 암 투병 환자, "산티아고 데 메카!"를 외치며 걷는 무슬림들과 동행이 되어 겪는 온갖 해프닝이 영화의 기둥 줄거리라고 한다.

"이전에도 카미노를 걷는 무슬림들이 있었으니까 이런 영화도 나왔던 것 아닐까?"

실컷 말해놓고 나니 자다가 봉창 두드리는 소리 한 것 같기도 하다. '산티아고 데 메카' 운운한다는 내용이 무슬림을 희화화한 것 같아 좀 꺼림칙하기까지 했다. 일마즈가 빙긋 웃었다.

"뭐, 그럴 수도. 종교 같은 건 상관없어. 어디서든 내가 좋으면 그뿐이니까."

비야프랑카(Villafranca del Bierzo)에 들어서기 전, 앞쪽에 오래된 성당이 보였다. 일마즈가 카메라를 다시 꺼내들었다.

"저게 그 유명한 산티아고 성당인데 들어봤어? 옛날엔 몸이 아파 끝까지 갈 수 없던 순례자들이 저 성당의 문턱을 넘으면 산티아고까지 순례를 마친 것으로 인정해줬대."

별걸 다 안다. 성당이 하도 많아 나는 그게 그거려니 했는데.

"그럼 여기서 그만 걸어도 되겠네?"

"그러고 싶어?"

천혀! 29일째다. 무수히 많은 사람들이 이미 산티아고까지 갔고 오래 걷다 보니 사실 그게 별것도 아니라고 생각한다. 누구나 할 수

비야프랑카의 산티아고 성당 내부.
예전엔 산티아고까지 갈 수 없는 순례자가 이 성당의
문턱을 넘으면 순례를 마친 것으로 인정해줬다고 한다.

있다. 하지만 힘든 일을 너끈히 감당하고 나면 스스로에 대해 좋게 생각하게 되듯 이만큼 온 스스로가 장했다. 물집이 아무리 발바닥을 찔러대도 여기서 멈추고 싶지 않았다.

버스를 타고 성당에 도착한 독일 관광객 한 무리가 배낭을 짊어지고 방금 산길을 걸어 내려온 우리를 놀란 눈으로 바라보았다. 은근히 우쭐해졌다. '진짜 순례자' 어쩌고 하는 교만한 마음은 며칠 전 애런과 이야기하면서 뉘우쳤지만, 이렇게 버스를 타고 오는 관광객들과 마주칠 때면 여전히 약간 으쓱해졌다. 솔직히 말한다면 그런 느낌을 즐겼다. 길 위의 도전을 받아들이고 포기하지 않은 스스로를 칭찬이라도 해주고 싶은 마음이었다.

관광객들과 뒤섞여 들어간 성당 안에서 촛불을 켜고 기도를 한 뒤 어정거리는 사이 일마즈가 사라졌다. 다시 혼자 걷기 시작했다.

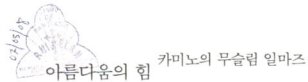

아름다움의 힘 카미노의 무슬림 일마즈

며칠 내리 불볕더위다. 28일 전만 해도 눈 덮인 산을 넘었다는 게 실감이 나질 않는다. 어느 곳에서 이렇게 짧은 기간에 이런 사계절을 겪겠는가 생각하면 불볕더위도 싫지 않았다.

팍팍한 신작로를 걷다 나타난 마을의 구멍가게 앞에 주저앉아 아이스크림을 먹고 있는데 옆 골목에서 산드라가 불쑥 나타나서는 "서프라이즈!" 하고 외쳤다.

"깜짝이야. 산길이라며 어떻게 이렇게 빨리 왔어?"

"산에 나 말고 아무도 없더라고. 심심해서 그냥 내려왔지."

"아이스크림 먹을래?"

"살 빼야 한다니까 그러네. ……아, 맛있겠다!"

눈을 질끈 감고 달아나는 산드라를 뒤쫓아 원래 가려고 했던 마을보다 2킬로미터를 더 걸어 루이테랑(Ruitelan)이라는 작은 마을에 도착했다.

루이테랑의 알베르게 주인 카를로스가
만들어준 대형 샐러드

오른발에 물집이 두 개 더 생겼다. 계속 오른발에만 물집이 잡힌다. 유럽의 젤형 반창고인 콤피드가 좋다고들 해서 발에 덕지덕지 붙여놨는데 이게 습기 찬 양말과 발바닥 양쪽에 다 들러붙어 양말을 벗을 때마다 고역이다. 얼굴을 잔뜩 찡그리며 양말 벗느라 기를 쓰는 나를 보더니 산드라가 말했다.

"물집이 잡힌 자리엔 콤피드 붙이지 마. 이유는 모르겠지만 계속 다시 생겨. 의사들도 그거 쓰지 말라고 한대."

일회용 밴드가 제일 좋다고 산드라가 몇 개를 건네줬다. 과연 그 뒤로 물집이 한번 잡힌 자리에 다시 생기는 건 사라졌다.

루이테랑의 알베르게는 작고 아늑한 쉼터 분위기다. 콧노래를 흥얼거리며 음식을 준비해준 카를로스는 알베르게 주인이 아니라 순례자들의 보호자 같았다. 저녁 식사 후엔 전부 푹 자고 오전 7시 이전엔 누구도 일어나선 안 된다고 으름장을 놓았다.

오전 7시가 되자 카를로스가 적당한 크기로 틀어놓은 헨델의 아리아 〈울게 하소서〉 덕분에 잠이 깼다. 이렇게 낭만적인 분위기에서 아침을 맞은 적이 없다. 늘 서둘러 씻고 짐을 싸느라 바빴는데……. 카를로스는 간단한 토스트와 커피를 준비해줬다. 상업적으로 운영되는 사설 알베르게이지만 말 그대로 재난 대피소 같은 시립 알베르게보다 더 마음에 든다. 영리 목적인 사설 알베르게도 돈만 밝힌다는 느낌이 드는 곳과 이곳처럼 안식을 제공하는 데 마음을 쓰는 곳이 확연하게 달랐다.

다시 출발할 땐 산드라가 뒤처지고 일마즈와 함께 걸었다. 가파른 언덕길이다. 산을 넘어 트리아카스텔라(Triacastela)까지 33킬로미터를 걸어보기로 했다. 산길을 오르며 일마즈가 물었다.

"산티아고가 왜 산티아고인지 알아?"

"몰라. 뜻이 있어?"

"성 야고보라는 뜻이야. 산티아고에 대한 전설은 알아?"

대충 읽긴 했어도 잘은 모른다고 대답했더니 일마즈가 산티아고의 전설을 설명해주기 시작했다. 예수가 십자가에 못 박힌 뒤 총애를 받던 제자인 야고보는 포교를 위해 이베리아 반도에 왔는데 그다지 성공적이지 못했다고 한다. 예루살렘에 돌아간 야고보는 곧바로 붙잡혀 처형됐다. 여기에서 사실이 끝나고 전설이 시작된다. 사람들이 야고보 성인의 시신을 몰래 배에 태워 물에 띄웠고 천사들의 도움으로 이 배는 산티아고에서 85킬로미터가량 떨어진 해변가 피니스테레(Finisterre) 남쪽 마을 페드론(Pedron)에 도착했다.

"여기서 또 여러 버전이 있어. 내가 제일 좋아하는 버전은 이거야. 어느 날 별빛이 그 배 위를 비췄고 기슭에 있던 말이 배를 발견했는데 그만 물에 빠진 거야. 그런데 물에서 갑자기 야고보 성인이 나타나면서 말을 구해줬대. 야고보 성인이 조개껍질을 온몸에 붙이고 나타났거든. 그래서 조개껍질이 야고보 성인의 상징이 된 거래. 상상해봐. 근사하지 않아?"

그 마을의 영주는 야고보 성인의 유해를 자기 관할에 두는 걸 꺼

갈리시아 지방에 들어서면 만나게 되는 거대한 야고보상.
바람이 많이 부는 갈리시아 지방의 동상답게 바람에 맞서 걷는 듯한 포즈다.

림칙하게 여겨 황소가 이끄는 마차에 태워 마부도 없이 떠나보냈다. 마차는 지금의 산티아고에 도착했고 어느 장소엔가 야고보 성인의 유해가 묻혔다. 다시 8백 년이 지난 어느 날 야고보 성인의 시신이 있는 곳을 별빛이 비췄고 이를 발견한 사람들이 그 자리에 도시를 세우고 산티아고 데 콤포스텔라(Santiago de Compostela)라는 이름을 붙였다.

"콤포스텔라는 별들의 들판이라는 뜻이래. 그래서 어떤 사람들은 여길 은하수 길이라고 불러. 별들의 길이라고."

남들은 어릴 때 듣는 옛날이야기를 뒤늦게 성인이 되어 듣는 기분이었다. 출발하기 전에 읽었던 순례기에 쓰였을 법도 한데 관심이 없어 그런지 잘 기억이 나질 않았다.

"은하수가 진짜 이 길과 평행이야?"

"그것도 전설 같아. 산티아고 가는 길을 걸은 최초의 순례자는 샤를마뉴 대제인데, 그 사람의 꿈에 야고보 성인이 나타나서 여기가 별들의 길이라고 알려줬다는 거야."

"그렇구나. 실제로는 누군가의 무덤을 향해 가는 길인데 말이지."

"하하. 무덤을 향해 가다니. 시니컬하긴. 이야기가 이상해지잖아! ……앗, 조심해!"

돌부리에 채여가며 이야기를 받아 적느라 비틀거리던 내 팔을 잡아주며 그가 또 물었다.

"성당에서 야고보 성인 동상이 대체로 착한 얼굴에 나무 지팡이를 든 순례자 차림이잖아. 그런데 점점 칼을 든 전사 야고보의 이미지가 늘어나는 거, 눈치 못 챘어?"

일마즈는 산티아고의 전설이 천 년이 넘도록 숱한 순례자들을 카미노로 불러들인 건 사실 야고보의 성인 이미지보다는 무슬림 학살자 이미지에서 비롯됐다고 들려주었다. 이슬람의 지배에서 이베리아 반도를 탈환하려 싸웠던 기독교인들에게 야고보는 스페인을 보호하고 무슬림을 처단하는 전사로서 기독교인들을 단결시키는 상징적 영웅이었다. 산티아고에 다가갈수록 야고보 성인이 전사로 묘사된 동상이 늘어나는 것도 그래서라고 했다. 가이드처럼 역사적 사실을 들어가며 차분하게 설명을 해주던 일마즈의 말을 듣다 문득 궁금해졌다.

"이런 거 물어봐도 되나……. 무슬림 학살자인 야고보의 동상을 보면 어때?"

"아무렇지도 않아. 다른 사람들도 나한테 가끔 물어봐. 야고보가 네 조상을 죽였는데 넌 왜 이 길을 걷느냐고. 근데 상관없어. 역사는 역사이고, 나는 산티아고의 전설이 좋아. 아름다운 이야기 때문에 이 길을 걸을 생각을 처음 하게 됐는걸."

그가 강조하듯 덧붙였다.

"아라비안나이트가 아름다운 것처럼 산티아고의 전설도 아름답잖아. 그렇지 않니?"

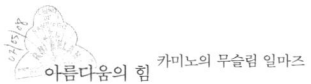

아름다움의 힘 카미노의 무슬림 일마즈

고개를 끄덕였다. 미국에서 활동하는 종교학자 현경의 책 제목이 머릿속에 떠올랐다. '결국은 아름다움이 우리를 구원할 거야.' 종교학자가 '믿음'도 '영생'도 아니고 '아름다움'이 우리를 구원할 거라고 했던 게 신선하게 들렸던 기억이 난다.

현경은 개인적으로 가장 잘 듣는 스트레스 처방은 '아름다움을 들이마시는 것(Drinking Beauty)'이라고 들려준다. 이 방법을 미국 원주민인 인디언에게 배웠다고 한다. 인디언들이 학살과 파괴 속에서도 자신들의 온전성을 기억한 방법은 하나의 아름다움이 파괴될 때마다 다른 아름다움을 만들어내는 것을 통해서였다. 신화와 전설이 과학 문명의 시대에 그토록 오래 살아남는 이유도 그래서일 것이다. 구전되어온 옛이야기 역시 현실의 고난을 헤쳐가는 사람들로 하여금 자신의 온전성을 기억하도록 돕는 아름다움 중의 하나일 것이기 때문에.

사소한 풍경에도 감탄하며 눈에 담아두려는 듯 오래오래 쳐다보는 일마즈가 새삼 새롭게 보였다. 산 위에 올라 주변을 둘러보며 감탄하던 일마즈가 지금까지 걷는 동안 어느 구간이 가장 좋았냐고 물었다. 내겐 크루스 데 페로를 지나 몰리나세카에 가던 길이 최고였다. 경치도 그렇거니와 크루스 데 페로에서 치렀던 나만의 조촐한 의례 덕분이었다. 카미노에서 그 길은 내게 뚜렷한 전환점이었다. 크루스 데 페로 이후 달라진 꿈 이야기까지 들려주자 일마즈가 "네게 굉장히 좋은 일이구나. 멋진 이야기야" 하며 감탄하더니 자기는 정반대의 의미로 크루스 데 페로가 전환점이었던 것 같다고 했다.

서른여섯 살인 일마즈는 5년 전 잇따라 가족을 잃는 일을 겪었다. 5년 전에 아버지가 세상을 떠났고 1년 만에 조카, 형이 사고로 잇따라 목숨을 잃었다. 그가 담담하게 말을 이었다.

"끔찍하지. 하지만 그 일로 지금까지 그다지 괴롭진 않았어. 다 이겨냈다고 생각했거든. 카미노 초반에도 무릎이 아픈 걸 빼곤 괜찮았어. 그런데 크루스 데 페로를 지난 뒤부터 계속 악몽을 꾸기 시작하는 거야……."

일마즈가 혼란스럽다는 표정으로 가슴께를 가리키며 말했다.

"여기서 뭔가 이상한 감정이 꿈틀대는 걸 느껴. 설명하기 어려운데……. 길의 끝에 가면 나도 뭔가를 만나게 되지 않을까. 아무튼 카미노가 내면의 무엇을 찾게 만들긴 하는 것 같아. 겉으로만 여행을 하는 게 아닌 거지."

고개를 끄덕이며 묵묵히 들었다. 나나 일마즈나, 그리고 다른 사람들도 평소 가까운 지인들에게도 잘 이야기하지 않는 속마음과 비밀을 여기선 쉽게 털어놓곤 했다. 다시 만날 가능성이 없는 낯선 사람들 앞에서 종종 치밀어 오르는 고해의 충동 때문일까. 한국 순례자들보다 낯선 외국인과 낯선 언어로 이야기할 때 더 쉽게 내 이야기를 털어놓을 수 있었던 이유도 그래서일지 모른다. 아니면 어떤 사람들은 카미노를 '세라피 루트(Therapy Route)'라고 부른다더니, 이것도 카미노가 은연중 보여주는 경이 중의 하나인 걸까. 어쨌든 그렇게 내가 속한 현실에서 무겁게만 느껴지던 일들을 낯선 사람들과 서로 털어놓고 나면, 통제할 수 없는 운명의 손아귀 안에서 버둥대는 사람이 나 혼자가 아니라는 묘한 연대감 같은 게 뭉클 피어났다. 마음을 할퀴고 지나가는 시간의 횡포에 대해 웃어줄 수도 있을 것 같은 기분이다.

노란 화살표가 가리키는 곳

갈리시아 지방에 들어섰다. 야고보 성인의 땅으로 불리는 이 지방에서 가장 먼저 순례자들을 맞는 마을은 산 정상의 오 세브레이로다. 갑자기 타임머신을 타고 아득한 옛날로 불쑥 돌아간 듯 고색 창연한 마을이다. 돌을 촘촘히 쌓아올린 오래된 집들이 초가지붕을 머리에 이고 있다. 일마즈가 집들을 가리키며 로마시대 이전부터 있던 건축물들인데 아직도 그대로라고 알려주었다.

잠시 후 부지런히 뒤따라온 산드라가 합류했다. 스페인 로그로뇨에서 온 곤잘로, 캐나다에서 온 독일 출신의 얀과 프랑스 출신인 티나 커플도 합류해 금세 그룹이 형성됐다. 처음 만났는데도 오늘이 산드라의 생일이라고 하니 트리아카스텔라에 도착해 생일파티를 하자고 순식간에 의기투합했다. 신이 난 산드라가 휴대전화로 트리아카스텔라에 먼저 가 있다는 독일 친구 도미닉에게 알베르게에 침대 여섯 개를 미리 맡아놓으라고 일렀다. 숙소도 확보되었겠다, 모두 탄성을 지르며 즐거워했다.

마을의 한 식당 바깥에서 돌로 된 테이블에 둘러앉아 각자 챙겨 온 딱딱한 빵으로 점심을 먹었다. 갈리시아 지방은 날씨 변화가 심하다더니, 불볕더위가 순식간에 걷히고 찬바람이 불기 시작했다. 꾸역꾸역 맨 빵을 씹다가 나도 모르게 비틀스의 노래 〈네게 필요한 건 사랑뿐(All You Need Is Love)〉 멜로디를 흥얼거렸다. 내 안에 자동 선곡 기능을 갖춘 주크박스가 들어 있기라도 한 모양이다. 왜 생각났는지 당최 영문을 알 수 없는 노래가 불쑥 튀어나오곤 했다.

로마 시대 이전부터 있었다는 오 세브레이로 마을에 들어서면 타임머신을 타고 중세로 여행하는 듯한 기분이다.

〈곰 세 마리〉나 〈성모 유치원〉이 아닌 게 그나마 다행이었다. 다리를 달달 떨며 멜로디를 낮게 흥얼거리던 도중 맞은편에 앉은 티나와 눈이 마주쳤다. 티나가 씩 웃더니 빵을 들어 보이며 노래 가사를 바꿔 부르기 시작했다.

"우리에게 필요한 건 치즈뿐(All we need is cheese)!"

모두 폭소를 터뜨리며 노래를 따라 불렀다.

"빰빠바라밤~, All we need is cheese! Cheese~, Cheese is all we need!"

풍찬노숙의 가난한 점심이 순식간에 흥겨운 파티로 변했다. 피로에 지친 얼굴들에 웃음이 번졌다. 속내를 털어놓지 않아도 오래전부터 알아왔던 사이처럼 친근하게 느껴졌다. 이렇게 짧은 흥겨움도 일마즈가 말한 아름다움의 하나이리라.

왁자지껄하게 어울려 트리아카스텔라에 오후 6시경 도착했다. 산에서부터 내리기 시작한 비가 폭우로 바뀌었다. 도미닉이 예약해놓은 알베르게는 신축한 사설 알베르게로 눈에 띄게 깨끗했다. 일마즈가 들어서면서 "와, 이건 핀란드 사우나 같잖아" 하고 탄성을 질렀다. 샤워와 빨래를 하는 동안 먼저 와 있던 도미닉이 케이크를 사와 초를 꽂고 와인을 나눠 마시며 산드라의 생일을 간단히 축하해줬다.

제대로 생일파티를 하자면서 몰려간 식당에선 일행이 늘어났다.

영국에서 온 케빈, 호주에서 온 로웬이 합석했다. 영국, 호주, 캐나다, 프랑스, 독일, 터키, 한국 사람이 한 테이블에 둘러앉아 각 나라 말로 산드라에게 생일 축하 노래를 불러주었다. 영어, 불어, 터키어, 독일어, 한국어 등 다섯 개 언어로 부른 생일 축하 노래의 멜로디가 모두 똑같다.

"이거 신기하네. 이 멜로디가 어디에서 시작됐을까?"

"영국 아니면 미국이겠지. 만국 공통의 노래가 있구나. 신기하다."

식사를 마친 뒤 자리를 옮겨 바에서 와인을 마시며 계속 노닥거렸다. 기분 좋게 술에 취한 티나가 케빈에게 빌려 담배 한 개비를 입에 물자 갑자기 얀이 거칠게 잡아 빼더니 뒤로 던져버렸다. 모두 뜨악하게 바라보자 얀이 변명하듯 말했다.

"오해하지 마. 흡연자들을 모욕하려는 의도는 없어. 그냥 내 여자 친구가 담배를 피우는 게 싫을 뿐이야."

서양 남자도 저러는구나 싶어 어안이 벙벙했다. 약간 뜨악해졌지만 산드라가 별일 아니라는 듯 "맞아. 담배는 안 피우는 게 좋아. 냄새도 더럽고 피부에도 나빠" 하고 조잘거려 어색해진 분위기가 다시 풀렸다. 잘게 자른 담뱃잎을 직접 말아 피우던 곤잘로가 담배를 말다 말고 약간 의자를 뒤로 밀어 물러앉았다. 곤잘로에게 물었다.

"그런데 말이야. 지금까지 만난 순례자들이 다 좋기만 하니? 이상한 사람 못 봤어?"

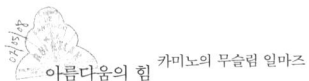

"웬걸. 웃긴 사람 많이 봤어."

곤잘로가 별별 사람을 다 봤다고 들려주었다. 한 스페인 남자가 화장실에 숨어 문틈 사이로 여자들이 옷 벗는 걸 훔쳐보다가 들킨 적도 있다고 한다. 일단 알베르게에 도착하면 몸에 딱 달라붙는 피트니스 팬츠 한 장만 달랑 입고 돌아다니던 뚱뚱한 아저씨도 놀림감이 되었다. 기골이 장대하고 하얀 수염을 길게 기른 독일 할아버지도 사사건건 남 일에 참견하고 상황에 맞지 않는 잔소리를 해대 기피 대상 중 하나라고 했다.

거의 벌거벗은 뚱보 아저씨는 나도 본 적이 있다. 어디선가 부엌 싱크대 앞을 지나가는데 고개를 돌려가면서까지 빤히 쳐다보는 눈길이 거슬렸던 기억이 난다. 산드라가 자긴 자전거를 타고 여행하는 스페인 남자들이 싫다고 했다.

"자전거 타고 가던 남자 두 명이 흘낏 쳐다보고 가다가 다시 돌아오더니 지들끼리 '음, 예쁜데' 하고 킥킥 웃더라니까."

곤잘로가 웃음을 터뜨리며 "네가 예쁘니까 그렇지" 하고 익살맞게 대꾸하자 산드라가 정색을 했다.

"독일에선 상상도 할 수 없는 일이야. 성희롱이라고!"

술을 마시다 보니 졸리기 시작했다. 서툰 영어로 의사소통을 하는 일이 술자리 농담에서 더 어렵게 느껴졌다. 슬슬 피곤해진다. 일단 취하면 술자리에서 먼저 일어나는 사람을 배신자 취급하며 기를 쓰고 붙잡는 건 서양 애들도 마찬가지였다. 먼저 간다, 안 된다. 한참 실랑이를 하다 12시가 훌쩍 넘어 도망치듯 술자리를 빠져 나왔다.

오전 9시에 내가 출발할 때까지만 해도 아무도 일어나는 사람이 없었다. 사이좋은 형제들처럼 2층 침대 여덟 개가 놓인 한 방에서 모두 쿨쿨 자고 있었다. 비틀거리며 화장실에 들어온 도미닉이 새벽 2시 반까지 술을 마셨다면서 먼저 가라고 힘없이 손을 흔들었다.

부슬비가 내리는 숲길의 공기가 상쾌했다. 애런에게 설명하려 애를 썼던 '워커스 하이'의 느낌이 다시 떠올랐다. 지저분한 칠판을 지우듯 잡다한 생각을 지워내고 마음속이 텅 비어가는 듯한 기분이다.

12시가 다 되어 사모스(Samos)의 거대한 수도원에 도착했다. 6세기에 세워진 이곳은 스페인에서 가장 오래된 수도원 중의 하나다. 드물게 부부 순교자에게 헌정된 수도원이고 예전엔 순례자를 위한 알베르게로도 쓰였던 곳이다. 2층 복도엔 성경의 장면들을 그려 넣은 대형 벽화들이 사람들을 맞았다.

수도원 투어 가이드를 따라 함께 복도를 걷던 아주머니들이 나더러 어디에서 출발했느냐고 물었다. 생장피에드포르라고 들려주니 놀란 눈으로 바라보았다. 그들은 레온에서 출발해 걷는 중이라고 했다. 그들처럼 레온, 부르고스 등 카미노 중간의 큰 도시에서 순례를 시작하는 사람들도 꽤 되었다. 그 때문인지 길의 후반부로

갈수록 사람들이 눈에 띄게 늘어났다.

오후 5시 무렵 사리아(Sarria)에 도착했을 땐 시립 알베르게가 이미 다 차서 자리가 없었다. 그런 상황을 영업의 기회로 삼은 갈리시아 지방의 사립 알베르게들 중엔 하루 숙박료가 10유로가 넘는 곳도 있다.

10유로나 내고 사리아에 묵은 다음 날, 산티아고까지 100킬로미터가 남았다고 알려주는 비석을 만났다. 갈리시아 지방의 카미노엔 500미터마다 산티아고까지 남은 거리를 알려주는 비석이 서 있다. 가슴이 두근거렸다. 지금 속도대로라면 4, 5일 뒤엔 산티아고에 도착하게 된다. 거기선 무엇이 나를 기다리고 있을까. 이렇게 하염없이 걷는 날도 이제 얼마 남지 않았다고 생각하니 약간 초조해지기 시작했다. 파울로 코엘료는 이 길을 걷고 인생이 바뀌었다고 했다. 어떤 사람의 일생을 바꿔놓은 길 위에서 30일가량을 보냈건만 내 인생은 그다지 드라마틱하게 달라질 것 같지 않다. 벼락같은 깨달음의 순간도 없었다. 사실 그런 게 가능하기나 한 일인지도

사리아 길거리의 담벼락에 그려진 순례자 벽화

의심스러웠다. 크루스 데 페로에서 감격적인 순간을 겪었지만 시간이 흐를수록 그 느낌의 강도도 서서히 묽어져갈 것이다. 어떤 종류의 감동도, 쾌락이나 고통도 시간이 지나면 결국은 다 적응되어 무뎌지기 마련일 테니까.

걸을수록 산티아고로 가는 방향을 알려주는 노란 화살표도 늘어났다. 카미노에선 종종 어떤 강력한 목표에 이끌리는 듯한 기분이 들곤 했다. 노란 화살표 덕분에 내가 어디로 가야 하는지가 명확했다. 일상에서도 그런 화살표를 가질 수만 있다면 얼마나 좋을까. 오랫동안 노란 화살표처럼 갈 길을 알려주는 지침이 내 인생에도 있으면 좋겠다고 바랐다. 처음부터 노란 화살표를 입에 물고 태어난 듯 자신의 길에 대해 단호한 사람들이 늘 부러웠다. 왜 나한텐 그런 게 없을까.

'미쳐야 미친다'는 말이 있다. 미친 듯(狂) 몰두하지 않고서는 어떤 경지에 미치지(及) 못한다는 말이다. 몰두할 만한 대상을 찾을 수가 없어서, 정말 하고 싶은 일이 뭔지 알 수가 없어서 헤매던 나 같은 사람에겐 부럽고 질투 나는 말이다. 하지만 억지로 미쳐지겠는가. 무엇을 원하는지, 뭘 하고 싶은지 스스로 찾아야 했다. 나는 심하게 늦되는 사람이어서 '해야 할 일' 말고 '하고 싶은 일'을 스스로에게 묻기 시작한 것도 서른이 넘어서였다. 세상이 정해놓은 각본 말고 내 각본을 따라야 한다는 자각이 뒤늦게 찾아왔지만 어디서부터 시작해야 할지 막막했다.

현명한 사람들은 마음을 들여다보라고들 했다. 무엇을 원하는지 마음이 알려줄 거라고들 했다. 그들의 조언대로 마음이 무엇을 원하는지 알아내려고 온갖 짓을 다했다. 서른을 훌쩍 넘겨 고등학생들이 주로 한다는 진로 발달 검사를 받아보기도 했고 강점 조사, SWOT 분석, 에니어그램 분석, 심지어 사주풀이 역술인부터 신 내림을 받았다는 무당까지 찾아다녔다. 그러다 정신을 차려보니 몇 년 내리 "난 누구예요?" 하고 남에게 묻고 다닌 꼴이었다. 온갖 종류의 분석과 조사들이 내 성격 특성을 파악하는 데에는 도움이 되었을지 몰라도, 어느 날 갑자기 내 안에 숨겨져 있던 요리사 본능, 사업가 본능 같은 걸 화들짝 놀라 발견할 수는 없는 일이다. 질문이 잘못 되었다는 생각이 들기 시작했다.

내가 누구인지, 무엇을 원하는지 파악하는 일은 자아 내부에서 그때까지 몰랐던 뭔가를 찾아내는 문제가 아니었다. 곰곰이 자신을 들여다보는 방식으로 내면의 노란 화살표를 발견하는 사람도 있기야 있을 테지만 내겐 맞지 않았다. 오히려 관심이 끌리는 사소한 일들의 실행, 시행착오와 평가를 통해서만 내 지향을 발견하는 일이 가능할 것 같았다. 이딴 걸 해봤자 뭐한담, 싶을 때에도 관심이 끌리는 일에 주의를 집중하다 보면 어느새 그 일을 좋아하는 스스로를 발견하는 경우도 있었다.

그 과정에서도 소소한 좌절은 여전했다. 무턱대고 세상이 정해

어느 집 담벼락에 조개 모양의 문양을 이용해 만들어놓은 대형 화살표.
일상에서도 갈 길을 알려주는 화살표를 가질 수만 있다면 얼마나 좋을까.

놓은 기준대로 살지 않겠다고 다짐하면서도 세상의 기준은 끊임없이 끼어들었다. 사소한 일을 하면서도 그 일을 통해 얻게 될 갈채, 보상을 상상하곤 했다. 더군다나 스스로 기대하는 것만큼 내가 뭘 잘하지 못하는 경우가 많았다. 다른 사람들이 내 진면목을 몰라주는 거라고 확신할 수도 없었다. 내가 하려고 시도했던 일에서조차 내 재능은 스스로 생각했던 것만큼 대단하지 않았다. 인정하는 수밖에 없었다.

좌절과 한계를 받아들이면서 결국 남은 기준은 하나밖에 없었다. 남동생을 잃고 나서 떠올리게 된 기준이기도 했다. 죽음을 상담자로 삼는 거였다. 내가 죽음을 앞둔 시점이라면 지금 이 선택을 후회하지 않을 수 있을 것인가. 그 질문 앞에서는 내 것이 아닌 다른 사람의 기대, 선택의 결과, 성취에 대한 세상의 평가가 전혀 중요하지 않았다. 어떤 선택 이후 펼쳐질 미래의 그림이 그려지지 않더라도 당장 그 일을 하는 게 중요했다.

노란 화살표를 따라 걷던 길이 자갈밭으로 이어졌다. 카미노에서 화살표를 쫓아 걷는 길이 늘 멋지고 좋지만은 않았다. 이날처럼 끝도 없을 듯 팍팍한 길을 무더위 속에서 걸을 때도 잦았고 진흙탕길, 대도시의 번잡한 도로변, 차들이 쌩쌩 지나가는 고속도로의 위험한 갓길도 만났다. 하지만 그런 길들도 계속되는 건 아니었다. 진창길이나 자갈밭, 언덕을 힘겹게 지나고 난 뒤엔 때로 믿을 수 없도록 아름다운 풍경, 또는 좋은 만남이 기다리고 있을 때도 있었다.

어쩌면 나는 이미 마음 안에 불투명하지만 조심스럽게 어떤 방향을 가리키는 노란 화살표를 갖고 있는데, 화살표가 가리키는 길이 진창길이나 험한 언덕일까 두려워 주저하는 것은 아닐까. 중요한 건 화살표를 따라 산길을 오르거나 모퉁이를 돌 때마다 가슴을 두근거리게 했던 '저 너머엔 뭐가 있을까' 하는 기대, 그리고 그 기대를 품고 지금 당장은 땅에 밀착해 열심히 다리를 움직이는 인내. 그것뿐이지 않을까.

힘내요, 신디!

22킬로미터를 걸어 포르토마린에 도착했다. 강 너머 마을을 향해 건너는 다리는 숱하게 넘어온 돌다리 대신 쭉 뻗은 대교다. 어쩐지 낯설었다. 마을 성당 앞에서 낯익은 남자가 손을 흔들었다. 몸매가 호리호리하고 과묵한 인상의 중년 남자였는데 길에서 곧잘 마주치면서도 간단한 인사말 이외엔 서로 이름도 묻지 않았다. 여기선 편의상 M이라고 부르자.

누군가를 만날 때마다 왜 걷느냐고 묻던 호기심도 이상하게 M 앞에선 사라졌다. "오늘은 어디까지 가요?" 하고 묻는 정도가 고작이었는데 그는 늘 "걸을 수 있을 때까지"라고 대답하고 씩 웃곤 했다. 독일에서 왔다는 것 말고는 M에 대해 아는 게 없는데도 길에서 그가 보이면 공모자라도 만난 듯 반가웠다. 묘하게도 '아, 내가 제대로 걷고 있구나' 하고 안심이 되었다.

M이 자기는 이 마을을 지나쳐 더 갈 거라면서 크레덴시알에 도장을 받을 수 있는 사무소를 알려주고 사라졌다. 더 갈까 말까 망설이는데 뒤에서 누가 나를 불렀다. 산드라였다. 알베르게에 짐을 풀고 바에 가는 길이라고 했다. 산드라를 따라 바에 들어가 커피를 주문하고 내가 산다고 하면서 지갑을 꺼냈다.

"왜?"

왜라니……. 할 말이 없다. 서울에선 "내가 살게" 하면 "아냐, 내가 살게" 하고 다투는 시늉을 하거나 "고마워" 하고 말지 "왜?" 하고 물어본 사람이 없었는데. 친한 후배 같던 그녀가 갑자기 휑 멀게 느껴졌다.

"그냥. 내가 사고 싶어서."

산드라가 이상한 사람 다 본다는 듯 눈을 크게 굴리며 웃더니 고맙다고 했다. 동서양의 문화 차이는 아닐 듯했다. '더치 페이'로 유명한 네덜란드 사람인 마틴도 가끔 자기가 점심을 산다고 인심을 쓰곤 했는데 말이다.

산드라를 따라 새로 지은 듯 크고 깨끗한 알베르게로 향했다. 저녁에 알베르게 앞 식당에서 곤잘로와 로웬, 얀과 티나 커플을 다시 만났다. 잡담을 나누면서 식사를 기다리는데 얀이 무료한 듯 하품을 하더니만 각자 자기 나라 유머를 하나씩 들려주자고 제안했다.

"내가 먼저 할게. 옛날에 검은 머리, 붉은 머리, 금발 머리 여자가 시험을 보러갔대. 시험관이 먼저 검은 머리에게 물어봤어. '보난자(Bonanza)'에 'D'가 몇 개 있죠? 검은 머리가 즉시 없어요, 했어. 붉은 머리한테 같은 질문을 하니까 좀 생각하더니 없어요, 했어. 이번엔 금발 머리한테 똑같이 물어봤어. 근데 이 금발 머리가 대답은 안 하고 계속 손가락을 꼽으며 계산만 하는 거야. 한 30분쯤 그러더니만 마침내 'D'가 일흔여섯 개 있다고 대답하더래. 왜 그랬게?"

대답이야 뭐가 됐든 모두 웃을 태세를 갖춘 표정으로 얀을 바라보자 얀이 티나를 팔꿈치로 쿡 찔렀다.

"네가 대답해봐."

티나가 기다렸다는 듯 말 달리는 흉내를 내며 노래를 불렀다.

"디디리 디디리 디디리 디디리 디디~."

전부 키득거렸다. 어정쩡하게 입을 벌리고 따라 웃는 시늉을 하면서도 나는 사실 별로 우습지 않아서 얼떨떨했다. 의기양양한 표정으로 좌중을 둘러보던 얀이 난감하게 웃던 내 표정을 읽고선 부연 설명을 해주었다.

"유명한 TV 시리즈 〈보난자〉 몰라? 그 주제가야. 금발 머리가 노래에 나오는 'D'의 숫자를 모두 세어 대답한 거야."

아, 그제야 이해가 되었다는 듯 과장되게 웃는 척했다. 사실은 하나도 안 웃겼다. 웃기기는커녕 바보가 된 것 같아 얼굴이 달아올랐다. 다음 순서로 로웬이 들려주는 농담을 듣는 둥 마는 둥, 내 순서

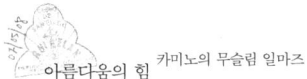

가 되면 어쩌나 걱정되기 시작했다. 농담이 하나도 생각나지 않았다. 게다가 떠듬거리는 영어로 어떻게 웃기는 이야기를 한담…….

화장실 가는 척 갈까, 두리번거리는데 멀리 식당 입구에 애런이 마리온과 함께 들어오는 게 보였다. 살았다! 반가운 마음에 벌떡 일어났다. 얀이 "어디 가" 하고 뒤에다 대고 소리쳤다. 손을 흔들고 애런 쪽을 향해 가는 척하면서 화장실로 휙 들어갔다. 눈치로 대충 맞출 수 있었는데 그냥 알아들은 척할걸, 미련하게시리……. 머리를 쥐어박았다. 무람없이 친해진 듯하다가도 언어와 문화의 장벽 앞에 얼굴을 쿵 부딪힌 듯했다.

내 옆에 앉아 있던 스페인 여자 라헬의 얼굴이 떠올랐다. 곤잘로의 친구인 라헬은 영어가 나보다 서툴다. 라헬은 얀의 농담에 잠깐 귀를 기울이다 이내 관심을 끄고 담배를 피우고 있었다. 모두 박장대소를 터뜨릴 때도 라헬은 별 상관 없다는 듯 어깨를 으쓱해 보이곤 말았다. 나도 라헬처럼 했더라면 좋았을걸, 바보같이 어정쩡하게 따라 웃기는……. 아니면 그냥 어리벙벙한 나 자신을 대수롭지 않게 여기며 같이 웃음거리로 삼거나 말이다. 사소한 상황을 계속 복기하는 내 '쪼잔함'도 못마땅하거니와 여전히 남의 시선에 몹시 신경을 쓰는 스스로가 약간 짜증스러웠다. 찬물로 얼굴을 북북 씻었다.

다음 날 포르토마린에서 30킬로미터를 걸어 도착한 작은 마을

카사노바 마토(Casanova Mato)의 알베르게엔 죄다 최소 쉰 살은 되어 보이는 장·노년층뿐이었다. 카사노바 마토는 구간 고도표와 알베르게 리스트에도 나오지 않는 작은 마을이다. 원래 가려던 마을의 알베르게가 다 차는 바람에 별수 없이 5킬로미터를 더 걸어온 참이었다. 백발이 성성한 다른 숙박자들도 나와 사정이 비슷해 보였다. 기운이 남은 사람들은 이 마을에서 9킬로미터가량 떨어진 큰 마을 멜리데(Melide)까지 내처 걸어갔다. 2시간가량 더 걸을 엄두가 나지 않는 사람들만 이곳이 우연히 발견한 오아시스라도 되는 듯 서둘러 들어와 똑같은 질문을 던졌다.

"남은 침대 있어요?"

침대를 배정 받은 뒤 배낭에서 속옷을 꺼내 보니 온통 축축했다. 어제 덜 말랐던 듯했다. 샤워를 하고 축축한 속옷을 입으니 쉰내와 함께 짜증이 훅 끼쳤다. '아, 이 짓도 이제 그만하고 싶다……' 속옷을 벗어 다시 빨고 건조기 앞에 앉아 순서를 기다리는데 곱게 늙은 은발의 서양 여자가 콧노래를 부르며 빨래를 들고 다가왔다. 눈이 마주치자 그녀가 노래를 부르는 듯한 어조로 "다시 빨래를 할 수 있으니 얼마나 좋아요!" 하고 말을 건넸다. 좀 민망해졌다. 그깟 속옷 때문에 순식간에 짜증스러워지다니……. 빨랫줄에 옷을 널면서 계속 흥얼거리는 그녀의 콧노래를 듣고 있자니 어느새 눅눅한 기분이 나도 모르게 날아갔다.

마을에 하나밖에 없다는 식당의 주인이 차를 몰고 와 알베르게

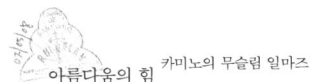
아름다움의 힘   카미노의 무슬림 일마즈

에서 3킬로미터가량 떨어진 식당으로 사람들을 실어 날랐다. 호주에서 왔다는 오십대 후반의 중년 여성 신디가 내 옆에 앉았다.

신디는 모든 걸 청산하고 카미노에 왔다고 했다. 직장을 그만두고 집도 팔아버렸다. 산티아고에 도착한 뒤 영국에 사는 엄마를 만나러 갔다가 혼자 미국과 캐나다를 여행하고 호주엔 연말쯤이나 돌아갈 거라고 했다. 어쩐지 표정이 쓸쓸해 보였다. 그녀가 "곧 예순이 되는데도 지금까지 별로 산 것 같지가 않아" 하더니만, 더 말하고 싶지 않은지 음식 품평으로 말을 돌렸다.

저녁 식사를 마치고 알베르게에 돌아온 뒤에도 날이 훤했다. 여기선 밤 9시가 넘어도 해가 지지 않는다. 산보 삼아 알베르게 옆쪽으로 뻗은 숲길을 혼자 느릿하게 걸었다. 예순을 눈앞에 두고도 별로 산 것 같지가 않다던 신디의 탄식이 머릿속을 맴돌았다. 그녀가 살아온 궤적을 전혀 몰랐지만, 내가 그 나이가 되었을 때 비슷한 후회를 하고 싶진 않았다. 인생이 내 곁을 그냥 스쳐 지나가도록 내버려둬서는 안 될 것 같았다. 그런 생각을 할 때마다 떠오르는 게 성경에 나오는 달란트의 비유였다.

잘 알려진 대로 이 비유는 주인이 여행을 떠나면서 종들에게 5달란트, 2달란트, 1달란트씩을 나눠주었는데 각각 5달란트와 2달란트를 받은 종들은 뭔가를 해서 돈을 불린 반면 1달란트를 받은 종은 그대로 갖고 있다가, 돌아온 주인에게 돈도 빼앗기고 혼쭐이 났다는 이야기다.

비온 뒤 흐린 하늘 아래, 세상 속으로 발을 내딛는 순례자

이 비유가 내 주의를 끌었던 이유는 돈을 두 배로 불린 다른 종들의 성실함도, 1달란트를 불리지 않고 그저 갖고만 있던 종의 게으름도, 그 1달란트마저 빼앗고 종을 쫓아내버린 주인의 가혹함도 아니었다. 그 불쌍한 종이 왜 1달란트를 그냥 갖고만 있었는지에 대한 설명 때문이었다. 그는 "두려운 나머지 땅에 파묻었다"고 했다. 두려운 나머지……. 안셀름 그륀(Anselm Grün) 신부는 이 말을 "그가 두려운 나머지 자신의 삶을 파묻었다"고 해석했다. 실수가 두려워, 상처받을까 봐 두려워 자기 안에 인생을 파묻었다는 것이다. 겁에 질려 자기 안에 갇혀 있던 종은 가끔씩 생각했을지도 모른다. 내게 1달란트만 더 있었어도 지금 이렇게 살진 않을 텐데……. 왜 남들이 가진 게 내게는 없는가. 왜 나는 저 사람이 아니고 겨우 나밖에 안 되는가.

내게도 한참 동안 그 종 같던 시기가 있었다. 내 깜냥에 감당이 잘 안 되었던 큰 실패를 겪은 뒤 다시 상처 받기 두려워 스스로를 적막한 성에 유폐시키듯 높이 벽을 쌓았다. '나는 왜 겨우 나밖에 안 되는가' 자책하며 오래 헤맸다. 내 안만 들여다보며 실패의 이유, 내 문제들, 어리석음과 온갖 결점을 들춰보고 따져보는 동안 3, 4년이 후딱 지나가버렸다. 그 여파 때문인지 장점 대신 결점, 어리석음에 대해 곰곰이 생각하는 버릇은 여전하다. 전날만 해도 저녁 식사 자리의 사소한 농담에 어수룩하게 반응하던 태도를 곱씹으며 스스로를 못마땅해하지 않았던가.

어쨌건 오래도록 내 안을 들여다본 뒤 내린 결론은 다소 맥 빠지게 들릴지 몰라도 자기 자신에게만 관심을 갖고 있어서는 계속 스스로를 문제 삼는 악순환의 고리에서 빠져나올 수 없다는 거였다. 물론 길을 잘못 들었다고 생각이 될 때면 멈춰 서서 주변을 둘러봐야 한다. 잠시 멈춰 서서 방향을 의심하고 내가 누구인지, 무엇을 할 수 있겠는지를 돌아보는 성찰의 시간은 누구에게나 필요하다. 하지만 어느 누구도 징징대고 겁에 질려 자기 안에만 머무르려고 이 세상에 오지 않았다.

가진 게 1달란트밖에 없더라도, 잃어도 되고 실수해도 된다고 마음먹는 게 필요했다. 실패를 연거푸 겪다 보면 학습된 무기력에 빠지기도 할 테지만 그렇더라도 나 아닌 누군가가 구해주리라는 희망은 품지 않는 게 좋았다. 중요한 건 내 힘으로 다시 발을 떼는 일이었다. 고립된 내면에 고정된 시선을 바깥으로 돌려 이 세상 속으로 발을 내딛고, 나 아닌 무엇, 타인에 사심 없는 관심을 기울일 줄 알아야 했다. 잘은 몰랐지만 '산 것 같지가 않다'던 신디가 과격하게 '모든 것을 청산하고' 카미노에 온 것도 자기 나름의 방식으로 세상 속에 발을 내딛기 위해서가 아니었을까.

그날 저녁 식사 자리가 신디를 본 처음이자 마지막이었다. 다음 날 아침 눈을 떴을 때 신디는 이미 떠나고 없었다. 걷다가 간혹 그녀의 얼굴이 떠오를 때마다 안부 인사를 허공에 띄워 올리듯 나지막하게 힘내라고, 혼잣말을 하곤 했다.

"Je lance depuis Saint-Jacques, vieille Europe, un cri plein d'amour, retrouve-toi, sois toi-même, découvre tes origines, ravive tes racines, revis dans ces valeurs authentiques qui rendirent ton histoire glorieuse et ta présence dans les autres continents bénéfiques. Reconstruis ton unité spirituelle dans un climat de respect total des autres religions et des vraies libertés."

Le Pape JEAN-PAUL II.

Le Président de l'Association a l'honneur de recommander à toutes les Autorités religieuses et civiles, ainsi qu'aux Autorités militaires et de la Gendarmerie, ce Pèlerin qui entreprend vers Compostelle la traditionnelle pérégrination, à la manière des anciens pèlerins, et leur demande de bien vouloir lui prêter aide et assistance en cas de besoin.

용기를 어디에서 구할까

El Presidente de la Asociación solicita de todas las Autoridades Eclesiásticas, Cives, Militares pongan conocimiento a este peregrino, en viaje de cememo-rativa peregrinación a Compostela, siguiendo el "Camino de Santiago".

CARNET DE PÈLERIN DE SAINT JACQUES

"Credencial"

그러나 내게는 용기라고 불리는 것이 있다.
… 사람이 있는 곳치고 심연이 아닌 곳이 있던가!
… 용기는 더없이 뛰어난 살해자다.
그것도 공격적인 용기는.
그런 게 생이던가? 좋다! 그렇다면 다시 한 번!

프리드리히 니체, 《차라투스트라는 이렇게 말했다》

Délivré par
Les Amis du Chemin de Saint-Jacques
Pyrénées-Atlantiques

겁쟁이 아줌마 마농

Camino de Santiago

산티아고 데 콤포스텔라
몬테 델 고소
아르수아
브레아
카사노바 마토
포르토마린
사리아
오세브레이로
트리아카스텔라
비아프랑카 델 비에르소
루이테랑
라바날 델 카미노
몰리나세카
아스토르가
비야당고스 델 파라모
레온
사아군
캐리온 데 로스 콘데스
테라디요스
프로미스타
카스트로헤리스
부르고스
오르니요스 델 카미노
아헤스
벨로라도
산토 도밍고
나헤라
로그로뇨
비아나
로스 아르코스
에스테야
푸엔테 라 레이나
팜플로나
주비리
론세스바예스
생장피에드포르

'미친 짓'에 의기투합하다

벌써 32일째다. 카사노바 마토에서 출발한 아침이었다. 1시간쯤 걸은 뒤 노천 바에 앉아 커피를 마시는데 작고 동글동글한 아주머니가 다가왔다.

"혹시 노란 화살표 못 봤어요? 도중에 사라진 것 같은데……."

저쪽 방향으로 가다 보면 또 나올 거라고 가리키자 아주머니는 과장된 어조로 웃으며 말했다.

"고마워. 아! 앞으로 남은 일생 동안 노란 화살표 없이 어떻게 살지?"

나만 그런 생각을 하는 게 아니었구나……. 다들 심정이 비슷한 모양이다. 아주머니가 손을 흔들고 뒤뚱거리며 사라졌다.

12시 조금 넘어 보엔테(Boente)라는 작은 마을을 지났다. 작은 성당 앞에서 로만 칼라 옷을 입은 신부님이 손짓을 하더니 성당 안에서 순례자들을 축복하는 간단한 기도를 해주었다. 성당 이름은 '산티아고 아포스톨(Santiago Apostol)'이었는데 보통 십자가가 놓여 있는 제단 뒤 중앙 벽면에 야고보 성인의 조각상이 놓여 있었다.

혼자 점심을 먹은 뒤 그저 그런 밋밋한 길을 걸어 오후 3시경 꽤 큰 마을인 아르수아(Arzúa)에 도착했다. 평소 같으면 그만 쉴 때가 되었지만 이날은 하루치 보행을 마감하기엔 뭔가 미진했다. 건물마다 커다란 광고판을 머리에 인 살풍경한 마을이 마음에 들지 않았는지도 모르겠다. 컨디션도 좋고 더 걸을 수 있을 것 같았다. 딱히 뭘 찾겠다는 마음도 없이 마을 지도판을 들여다보고 있는데 뒤에서 인기척이 났다. 아침에 만났던 아주머니였다. 캐나다에서 온 마농이다. 퀘벡 지역 출신이라 프랑스어의 느낌이 약간 섞인 영어가 듣기 좋았다.

마농과 함께 노란 화살표를 따라 알베르게로 향했다. 비쩍 마른 청년 한 명이 우리 뒤를 따라 들어온다. 웬일인지 다들 배낭을 내려놓지도 않고 엉거주춤 서 있기만 했다. 마농에게 "여기서 묵을래요?" 하고 물었더니 마농이 "더 가고 싶어?" 하고 되물었다. 천천히 고개를 끄덕였다. 옆에 선 청년을 바라보았더니 그도 눈을 맞추며 고개를 끄덕인다.

스페인어를 할 줄 아는 마농이 알베르게의 자원봉사자와 지도를 놓고 몇 마디 주고받더니 작전회의라도 주재하는 듯 심각한 표정으로 돌아섰다.

"자, 들어봐. 알베르게든 뭐든 숙소가 있는 마을까지 가려면 15킬로미터를 더 가야 돼. 그 중간엔 호텔도 전혀 없대. 15킬로미터를 더 걷든가 여기서 묵든가. 선택은 두 가지야. 어떻게 할까?"

함께 온 사이도 아닌데 '어떻게 할까' 묻는 건 같이 걷자는 권유나 마찬가지로 들렸다. 난 아침부터 25킬로미터를 걸어왔으니 15킬로미터를 더 가면 하루에 40킬로미터를 걷는 게 된다. 한 번도 그렇게 오래 걸어본 날이 없다. 갈 수 있을까. 발을 내려다보았다. 등산화가 춤을 멈추기를 거부하는 동화 속 빨간 구두처럼 느껴졌다. 고개를 들고 말했다.

"가죠!"

청년을 바라보았다. 그도 씩 웃으며 "좋아요. 가죠!" 한다. 마농이 박수를 치면서 웃더니 대장처럼 고개를 쳐들며 돌격 명령이라도 내리듯 단호하게 말했다.

"좋아, 가자고! 우리 오늘 미친 짓 한번 해보는 거야!"

걷기 시작한 지 채 1시간도 지나지 않아 돌격 대장 같던 마농의 단호한 태도가 슬그머니 사라졌다. 아득하게 남은 거리가 꽤 걱정되는 모양인지 계속 혼잣말처럼 중얼거렸다.

"도중에 호텔이 없다고 했지만 설마 왜 없겠어. 한두 개쯤 있을지도 몰라. 안 그래? ……15킬로미터면 4시간쯤 걸리겠지? 그럼 밤 7시쯤 도착할 텐데, 그 마을 알베르게엔 남은 침대가 있을까? ……있겠지? 가만 있자, 그래도 사람들이 부쩍 늘어났는데 침대가 세 개씩이나 남아 있을까? ……알베르게가 있는 마을엔 호스탈이 있

마농과 독일 청년 요하킴

겠지? 알베르게에 자리가 없으면 셋이서 호스탈에 같이 가면 되겠다. 그치? ……호스탈에도 자리가 없으면 어떻게 하지? 유럽 사람들 보니까 휴대전화로 미리 다 예약을 해놓던데…….”

대충 “그럼요” 하고 무성의하게 대꾸하다가 끝도 없이 이어지는 그녀의 걱정에 그만 웃음이 터져 나왔다.

“마농. 걱정 마세요. 알베르게도 한두 개가 아닐 거구요. 호스탈도 마찬가지예요. 아, 만에 하나 잠자리를 못 구하면 침낭도 있겠다, 밖에서 자면 되지 뭐가 걱정이에요.”

“맞아, 맞아. 걱정할 필요 없어. ……그런데 문제는 내 침낭이 봄가을용이라 밖에서 자기엔 얇단 말이야. 비가 오면 어쩌지? 하늘이 좀 흐리네. 어머! 저것 봐! 쟤들이 왜 다 앉아 있어? 일어나, 소들아!”

마농이 손으로 메가폰 모양을 만들어 입에 대고 길 옆 농장 안에 앉아 있는 소들을 향해 계속 “일어나!”를 외쳐댔다. 뜬금없이 이건 또 무슨 소리람. 황당한 얼굴로 바라보자 마농이 씩 웃으며 캐나다 퀘벡 지역에선 소들이 풀밭에 앉아 있으면 비가 올 징조로 해석한다고 들려주었다.

“아이, 참. 쟤네들 왜 안 일어나…….”

한 발 뒤처져 말없이 걷던 청년이 느릿한 말투로 끼어들었다.

“쟤네들은 퀘벡 소가 아니니까 앉아 있어도 비가 오진 않을 거예요.”

마농이 푸하하 웃으며 뒤를 돌아보았다. 독일 청년인 요하킴은 15킬로미터를 마저 걸으면 오늘 45킬로미터를 걷는 거라고 했다. 태어나서 걸어보는 가장 먼 거리란다. 40킬로미터를 걷게 되는 나나 마농에게도 마찬가지였다.

5주 휴가를 내어 카미노에 온 마농은 쉰여섯 살로 간호사다. 결혼을 일찍 하는 바람에 성인이 된 뒤 휴가를 온전히 혼자 지내는 건 30여 년 만에 처음이라고 했다. 새해를 맞으며 카미노를 혼자 걷겠다는 결심을 했는데 '해야 한다'가 아니라 '하고 싶다'는 마음으로 뭔가를 결심하기는 평생 처음인 것 같다고 한다. 들뜬 마음으로 카미노에 왔지만 혼자 지내본 적이 거의 없었던 탓에 초반엔 걱정으로 마음 편한 날이 없었단다.

"나는 잘 걷질 못하거든. 남들보다 항상 느려. 첫날 생장피에드포르를 출발할 때 거기 호스피탈레로가 나더러 '자신을 잘 돌보고 너무 스스로를 몰아세우지 말라'고 하더라고. 내 속도대로 걸으면서 그 말을 지키려고 노력했지. 걷는 건 그럭저럭 할 만한데 걱정이 잘 사라지지 않는 거야. 길을 제대로 찾을지, 잘 곳을 별 탈 없이 구할 수 있을지 늘 불안해."

길을 잃을지도 모른다는 불안함에 마농은 늘 가이드북을 손에 든 채 지도와 길의 표지판을 맞춰보며 걸었다. 노란 화살표가 5분이라도 보이지 않으면 덜커덕 겁이 난다고 했다.

"여기 오기 전에 나는 늘 내가 〈오즈의 마법사〉에 나오는 겁쟁이

사자 같았어. 어디서 용기를 구해야 할지 고민하는 사자 알지? 내가 딱 그 꼴이야."

"지금은 어때요? 혼자 힘으로 카미노를 거의 다 걸었는데 지금도 겁쟁이 사자 같아요?"

"아니. 이전보다 낫긴 해. 2년 전에 오른쪽 다리가 부러져서 수술을 했거든. 지금 이렇게 걷고 있는 것도 기적처럼 느껴져. 늘 느리게 걷지만 그게 뭐 대수인가. 여전히 이것저것 불안한 건 많지만 말이야."

나도 한동안 자신을 겁쟁이라고 생각해왔다고 들려주었다. 마농

마농, 요하킴과 함께 걷던 숲길. 구불구불 이어지는 숲길을 10시간 넘게 걸었다.

을 안심시키려 한 말이 아니다. 창피한 이야기이지만 난 어릴 때부터 타의 추종을 불허하는 겁쟁이였다. 김장을 하던 어머니 옆에 앉아 놀다가 무릎에 고춧가루가 묻자 "피다!" 하면서 울어버린 어린 시절의 황당한 일화를 비롯해 겁쟁이라서 놀림 받은 적이 한두 번이 아니었다. 무모한 짓을 곧잘 저질러 대범하다는 평을 듣곤 했지만 남들이 모르는 게 있다. 지독한 겁쟁이들은 벌어질 상황에 지레 겁을 먹은 나머지 먼저 사고를 쳐버리는 경우가 잦다는 비밀을.

한동안은 용감한 역사적 인물들도 나름대로 겁쟁이였다는 사실을 위안거리로 삼기도 했다. 간디는 뱀과 어둠을 무서워했고 최초로 북극점에 도달한 탐험가 로버트 E. 피어리는 늘 홀어머니의 치맛자락에 매달려 있던 겁쟁이였다. 심지어 전설적인 탐험가 라인홀트 메스너도 등반을 준비할 때 배낭을 풀었다 쌌다 하면서 울었다고 했다. 위인들도 두려움에 시달렸다는 사실이 내 두려움까지 해소해주지는 않았지만, 통제할 수 없는 상황에 겁이 나고 불안한 건 당연지사고 누구에게나 마찬가지라는 사실 정도는 알게 되었다. 문제는 두려움 그 자체이지 우리가 두려워하는 대상은 아닐 것이다. 1년 전쯤 그걸 깨닫는 경험을 한 적이 있다.

여름에 강원도 횡성에 갔을 때였다. 머물던 곳 근처의 산에 혼자 올랐다. 비가 내린 직후의 산속은 쥐 죽은 듯 적막했다. 등산로 옆에 파란 지붕의 폐가가 있었는데 울긋불긋한 낡은 천들이 걸려 있고 문이 사납게 부서져 있었다. 괜히 등골이 쭈뼛해졌다. 긴장해서 발걸음을 서두르다가 발목을 접질렸다. 짜증이 치밀었지만 돌아서 내려가자니 다시 그 괴기스러운 폐가 앞을 지나가기가 꺼림칙하고 싫었다. 내처 정상에 올라 한참 머물다 폐가 반대편이라고 짐작되는 길로 내려오기 시작했다. 그런데 어느 순간 등산로인지 헷갈리던 길마저 사라져버렸다. 다시 되짚어 가다 길을 완전히 잃었다. 사람이 다닌 흔적이 없는 숲 속에선 얼굴에 걸리는 거미줄의 강도도 훨씬 질겼고, 불쑥 솟은 바위의 그림자는 위협적으로 일렁였다. 풀숲에서 뭔가 바스락거리는 작은 소리에도 덜컥 겁이 났다.

바짝 긴장한 상태로 간신히 산을 내려오니 처음에 본 그 폐가 앞이었다. 산에서 무사히 내려왔다는 안도감에 폐가가 무섭기는커녕 반갑기까지 했다. 허탈해서 웃음이 나왔다. 폐가 앞 약수터에 주저앉아 물을 마시고 한숨 돌리며 생각했다. 두려워서 회피하려 애쓰는 대상은 언젠가는 다시 마주치고 만다는 것. 더 높은, 긴급한 목표를 뒀을 땐 그 두려움의 대상은 더 이상 문제가 되지 않더라는 것. 더불어 두려움의 대상에 내가 부여한 표상(저 폐가가 무섭게 생겼다, 귀신이 나올지도 몰라, 아니면 혹시 강도가……)을 걷어버리고 사물 그 자체(더 이상 쓰는 이가 없어서 부서진 집)로 볼 줄 알면 그것이 주는 위압, 공포는 사라져버리더라는 것.

두려움(Fear)이란 '실제처럼 보이는 가짜 증거(False Evidence Appearing Real)'의 약자라는 말을 비로소 이해할 수 있을 것 같았다. 그 '가짜 증거' 때문에 마비된 채 살 수는 없는 노릇이다. 두려움이 진화 과정에서 인간을 위험에서 보호하기 위한 신호기제로 신경에 장착되었다고 하지만, 과연 그럴까 의심스러울 때가 더 많았다. 내 미천한 경험으론, 정말 두려운 일은 아무런 전조 없이 찾아왔다. 멀쩡하고 평온했던 어느 날, 느닷없이 남동생을 잃었던 경험이 그런 경우였다.

막연한 두려움은 죽음을 막아주기는커녕 제대로 살아보지도 못하게 삶을 가로막는 것이 아닐까. 일상에서 문제가 되는 건 구체적 대상이 있는 두려움보다 그런 막연한 불안일 것이다. 평소 겁이 많아 보이는 사람들을 유심히 관찰하곤 했는데 내 엉터리 관찰에 따르면, 일어나지 않은 미래의 일들까지 통제하려는 성향이 강할수록, 일이 자기 뜻대로 되어야 한다고 생각하는 사람들일수록, 변화를 싫어하는 사람들일수록, 실수를 용납하지 못하며 일이 잘못되면 오래 후회하는 완벽주의자들일수록 막연한 불안에 시달리는 겁쟁이들이었다. 나 역시 마찬가지였다.

내가 갖고 싶은 용기는 매사를 원하는 대로 통제하려는 강박을 버리고 삶에서 우연의 여지를 열어두는 태도였다. 예기치 않은 일에 더 많은 여지를 허용하면서 살아가기, 실수를 저지르거나 일이 잘못되어도 괜찮다고 생각하는 마음, 그래도 어디까지 한번 가보겠다고 하는 마음. 내가 갖고 싶은 용기는 그런 거였다. 카미노에서도 그런 태도를 배우고 싶었다.

내 안의 검은 양 풀어주기

하늘이 맑아졌다. 길가에 주저앉아 오렌지와 초콜릿을 나눠 먹었다. 말수가 적은 요하킴은 농담도 느릿한 어투로 진지하게 말해 농담인지 진담인지 헷갈린다. 그가 하늘을 올려다보면서 느릿느릿하게 말했다.

"소들이 절반쯤 일어났나 봐. 다 일어나면 너무 더울 테니까 딱 지금처럼 절반만 일어난 게 훨씬 낫네요."

다들 '미친 짓'을 하면서 약간 흥분된 상태라 그런지 사소한 농담에도 요란하게 몸을 흔들며 웃어댔다. 날은 덥고 갈 길은 멀었다. 주고받던 잡담이 어느새 먹고 싶은 것, 당장 하고 싶은 일에 대한 이야기로 흘렀다. 발의 물집 때문에 심하게 절룩거리며 걷던 요하킴이 선언이라도 하듯 말했다.

"지금 당장 세 가지를 하고 싶어요! 신발을 벗고, 샤워를 하고, 스파클링 와인을 마시는 것!"

마농이 뒤를 돌아보며 그에게 물었다.

"미친 짓 하는 거 후회되니, 요하킴?"

"아뇨. 독일에 '오늘 할 일을 내일로 미루지 말라'는 속담이 있어요. 오늘 걸을 수 있을 때 걸어야죠."

마농이 경쾌하게 말을 받았다.

"쯧쯧, 그래서 독일 사람들이 죽어라 일만 하잖니. 프랑스어엔 '내일 할 수 있는 일을 오늘 서둘지 말라'는 속담이 있어. 하하, 근

길가의 돌에 순례자들이 그려놓은 그림. 왼쪽에서 두 번째 돌엔 어느 한국인 순례자가 "힘내!"라고 써두었다.

데 오늘은 우리 모두 '미친 짓' 하는 날이니까 독일 모드로 그냥 가자고."

마농은 목적지에 도착하면 시원한 맥주 한 잔을 마시고 싶다며 입맛을 다셨다. 장난기가 발동해 맥주를 맛있게 마시는 방법이 있다고 폭탄주 제조법을 들려주었다. 요하킴이 듣더니 "독일에도 비슷한 게 있는데 '우-보트(U-boat)'라고 부른다"고 했다. 영어식 발음인 '유-보트'만 귀에 익숙한 탓에 다시 묻고 잠수함이라고 설명해주는 나와 요하킴을 보면서 마농이 말했다.

"만약 세상 모든 사람들이 지금 우리처럼 인내심을 갖고 서로 이야기를 들어주고 한 번 더 설명하는 걸 주저하지 않는다면, 전쟁 같은 건 없을 거야."

마농이 갑자기 뭘 발견이라도 한 듯 작은 탄성을 질렀다.

"와! 우리가 3개 대륙을 대표하고 있어. 유럽, 아메리카, 아시아 이렇게 말이야. 멋지지 않니?"

"아프리카, 오세아니아 대륙에서 온 사람만 찾으면 세계 정상 회의군요. 찾아보죠."

아쉽게도 길엔 우리 세 명 말곤 아무도 없었다. 이날은 갈리시아 지방의 휴일이라고 했다. 물병의 물도 떨어져가는데, 그 많던 바도 다 문을 닫았다. 지쳐 쓰러지기 일보 직전의 상태로 3시간쯤 걸은 뒤 마침내 문 닫기 직전의 바를 발견했다.

"안 돼요!"

냅다 소리를 지르며 죽어라 뛰어 바에 들어갔다. 콜라와 맥주를 사서 바 앞에 앉아 마셨다. 지금까지 마셔본 그 어떤 맥주보다 맛있다. 우리보다 먼저 바 앞에서 쉬던 남자들에게 요하킴이 어디서 왔느냐고 물었다.

"오스트리아."

"또 유럽 대륙이네."

요하킴이 맥주 거품을 입가에 묻히고 우리를 바라보며 천진하게 웃었다.

다시 걷는 숲 속엔 유칼립투스 나무가 유난히 많았다. 나무, 풀, 꽃 이름을 줄줄이 읊던 마농이 보라색 꽃을 가리키며 딸이 좋아하는 꽃이라고 했다. 결혼을 한 마농의 외동딸은 곧 아이를 낳는다.

"돌아가면 곧 손자가 태어나……. 나도 이제 할머니가 되는 거야……."

좋은 일인데도 약간 당황스럽다고 했다. 자신에 대한 확신이 없는 상태에서 그저 떠밀리듯 나이를 먹고 할머니가 되고 하는 게 두렵단다. 마농은 "천 년이 넘도록 헤아릴 수 없을 만큼 많은 사람이 카미노를 걸었으니 이 길이 우리에게 줄 영적인 에너지가 있을 것"이라면서 스스로에게 다짐하듯 말했다.

"확신을 갖고 싶어. 일상에 돌아가도 무뎌지지 않는 확신, 사소한 어려움 따위는 아무렇지도 않게 넘어갈 수 있는 용기 같은 거

말이야."

마농의 말에 지금까지 길에서 만난 사람들의 얼굴이 줄줄이 떠올랐다. 예순을 앞두고도 산 것 같지가 않다면서 모든 걸 청산하고 카미노에 온 신디, 스스로를 좋아할 수 있길 바란다고 나지막하게 읊조리던 서른 살의 시영, 혼자가 되는 것을 여전히 두려워하는 마흔다섯 살의 마틴, 행복을 가로막는 장애물을 제거하고 싶다던 서른세 살의 애런, 자기 안에서 믿음을 발견하고 싶어 했던 예순다섯 살의 조지……. 나이가 얼마가 되었든 '확신범'의 얼굴을 한 사람은 없었다. 하긴, 확신에 찬 사람은 한 달씩 여길 걸으러 올 것 같지도 않다. 모두들 끊임없이 흔들리면서 자기 길을 걷고 있다.

서울의 한 친구는 미니홈피 프로필에 '흔들리니까 사람이다'라고 써두었다. 흔들리고 불안하게 두리번거리지만, 또 바로 그렇기 때문에 우리는 죽을 때까지 계속 성장을 멈추지 않는 것일지도 모른다. 중요한 것은 성장을 향한 걸음을 멈추지 않는 일밖에 없을 것 같다. 어디인지 모르지만 꼭 도착해야 한다는 생각을 갖지 않는 것, 꾸준히 길을 걷고 있다는 느낌. 그것 말고 어떤 다른 희망이 가능하겠는가.

벌써 오후 6시가 넘었다. 다리를 질질 끌고 브레아(Brea)라는 마을을 지나가는데 등산복을 입은 한 할머니가 앞에서 걸어왔다. 요하킴이 다가가 몇 마디 주고받더니 금광이라도 발견한 듯 외쳤다.

"여기 알베르게가 있대요. 살았다!"

귀가 번쩍 뜨였다. 친절한 할머니가 직접 안내해주겠다고 앞장섰다. 차들이 씽씽 오가는 고속도로 변의 알베르게였지만 위치나 시설 따위를 따질 형편이 아니었다.

등산화와 양말을 벗으니 살 것 같다. 알베르게의 강아지가 열린 문틈 사이로 머리를 들이밀고 빠끔히 쳐다보더니 마농이 벗어둔 양말 한 짝을 날름 물고 달아났다. 마농이 "안 돼!" 하고 뒤쫓는 시늉을 하다 "에라, 모르겠다" 하고 침대에 벌러덩 드러누웠다.

"그거 알아? 남편이 마라톤을 하거든. 나는 오늘 걸어서 마라톤을 했어. 세상에! 내가 그 거리를 걷다니. 남편은 아마 말해도 믿지 않을 거야."

피곤해서 양말을 찾으러 갈 힘도 없는 마농의 눈이 성취감으로 반짝거렸다.

알베르게를 알려준 할머니는 캐나다에서 온 에리카다. 저녁을 먹으러 간 1층 식당에서 에리카와 마농이 서로 "잉글리시 캐내디언", "프렌치 캐내디언"이라고 반갑게 인사를 했다. 하루에 10킬로미터씩 느리게 걷는다는 에리카는 카미노를 걷는 게 올해가 벌써 다섯 번째다. 가족이 모두 세상을 떠나 혼자 남았는데 외로워서 친구를 사귀러 카미노에 계속 온다고 했다.

"내 평생 열정을 쏟은 대상이 딱 두 가지인데 그게 오페라와 카미노야."

길의 구간별 특징이 어떻고 어느 알베르게가 시설이 좋은지, 조용한지 등등 카미노에 대해 모르는 게 없는 에리카는 내년에도, 그 다음 해에도 걸을 수 있는 한 계속 카미노에 올 것이라고 했다.

카미노에서 최장 거리를 걸은 이날, 대단한 일을 함께해냈다는 성취감에 들떠 함께 와인을 마시고 저녁을 푸짐하게 먹었다. 이날만큼 빨리 곯아떨어져 단잠을 푹 잔 적도 없다.

아침 일찍부터 비가 내렸다. 브레아에서 산티아고까지 남은 거리는 25킬로미터. 카미노에서 장거리를 걷는 마지막 날이다. '마지막'이라는 생각 때문인지 아침 식사를 할 때에도 전날의 들뜬 분위기는 사라지고 모두 말이 없다. 각자 자기 속도에 맞춰 걷기로 하고 따로 출발했다.

숲길로 접어들었다. 비 때문에 나무 냄새, 풀 냄새가 한층 짙어졌다. 기분이 약간 이상했다. 한 달 넘게 걷는 동안 대단한 변화를 경험하진 않았다. 하지만 출발할 때의 나와 지금의 내가 다르다는 건 분명했다.

한동안 MSN 메신저의 내 대화명은 '아모르 파티(Amor Fati: 운명애)'였다. 돌이 제자리로 떨어지는 반복이 무한히 거듭되더라도 던지기를 멈추지 않기, 낯설고 가혹한 고통 앞에서도 자신의 삶을 긍정하기, 운명이 달라지기를 지금도, 앞으로도 바라지 않으며 되레 그것이 다시 한 번 반복되기를 흔쾌히 소망하기. 그것이 니체가 말한 '운명애'다.

 지키지도 못할 허세 같아 금세 대화명을 바꿔버렸지만, 지금 여기선 그게 불가능한 일도 아니라는 생각이 든다. 니체가 던진 질문을 나 자신에게도 던져보았다. 악령이 찾아와 이렇게 말했다고 치자. "네가 지금 살아왔던 삶을 다시 한 번 살아야만 하고 무수히 반복해서 살아야만 할 것이다. 새로운 것이란 없고 모든 고통과 쾌락, 탄식이 같은 순서로 찾아올 것이다. 그럼에도 불구하고 너는 이 삶을 다시 한 번, 그리고 무수히 반복해서 다시 살기를 원하는가?" 선뜻 '그렇다'고 대답할 수 없지만 '아니'라고도 말하고 싶지 않았다.

 친구들과 잡담을 할 때 과거의 어느 한 시점으로 인생을 되돌릴 수 있다면 어느 때로 되돌아가고 싶냐는 질문을 곧잘 주고받곤 했다. 후회에 짓눌렸던 예전엔 돌아가고 싶은 시점이 많았다. 대학 1학년 때로 돌아가고도 싶었고, 크고 작은 실패를 겪기 이전으로 되돌아가고 싶었다. 하지만 지금 분명한 것은 과거의 어떤 시절로도 다시 돌아가고 싶지 않다는 것이다. 무수한 가능성들 중에서 내가 선택했건 떠밀렸던 간에 내 현실이 되어버린 일들이 과거에 빼곡했다. 그것들 중 무엇도 부정하고 싶지 않았다. 미숙했던 사랑, 실수투성이의 일들, 쓰라린 고통까지도. 그것들의 총합이 나였다. 심지어 남동생을 다시 잃는다고 해도 그 운명을 피할 수 없다면 나는 기꺼이 그 아이의 누나로 살기를 다시 선택할 것이다.

카미노에서 장거리를 걷던 마지막 날. 어둑하고 깊은 숲 속으로 길이 시작됐다.

감정의 굴곡이 심한 비일상적인 사건보다 그날이 그날인 예측 가능한 일상이 더 끔찍하고 지루하게 느껴질 때도 많았다. 생각해보면 카미노에서도 마찬가지다. 아침에 눈을 뜨면 종일 걷고 저녁에 자는 단순한 생활의 반복. 한 달 내리 똑같은 옷을 입고 배낭을 메고 무작정 걷는 일에 무슨 대단한 변화와 드라마가 있을 수 있단 말인가. 하지만 내가 관심을 기울였을 땐 그 단순한 리듬, 대단할 것도 없는 평범한 사람들 속에서도 풍성한 결을 발견할 수 있었다. 내가 존경하는 한 친구가 언젠가 내게 이렇게 말한 적이 있다.

"네 마음속의 검은 양이 밉다고 해서 자꾸 죽이려들지 마. 관심의 먹이를 주어 키우는 것밖에 안 된단다."

결핍과 실수만 바라보는 자책의 눈길을 거두라는 충고였다. 자책을 그만두고, 다른 사람이 되기를 꿈꾸면서 키워온 스스로에 대한 증오를 멈추었을 때 내가 바라는 변화는 뭘까. 길을 걸으며 내내 생각해보았지만 별로 떠오르는 것이 없었다. 상상력이 부족해서일지도 모르겠다. 하지만 내가 스스로를 더 이상 문제 삼지만 않는다면, 이미 나는 내가 원하는 상태로 살아가고 있지 않은가 하는 생각이 서서히 들기 시작했다. 어쩌면 지금의 삶이 내가 원하는 삶이었다고 생각하는 것은 체념의 합리화에 불과할지도 모른다. 하지만 포기할 건 포기해야 했다. 시니컬한 냉소의 옷을 하나 더 껴입는 것만 아니라면, 해서 안 되는 일은 내버려두고 잊어버리는 게 옳았다. 나 자신을 부족하면 부족한 대로, 있는 그대로 받아들이는 건 선택할 수 있는 게 아니라 취할 수 있는 유일한 태도이지 않을까.

인생에서 유일한 문제는 부족하고 못난 나 자신이 아니라 두려움 때문에 아무것도 하지 않는 것, 그것 단 하나밖에 없을지도 몰랐다. 언젠가 사람의 뇌에서 무의식적으로 작동한다는 심리적 면역체계에 대한 설명을 읽고 인간 종족의 일원인 것을 다행스럽게 생각한 적이 있다. 우리의 뇌는 이미 벌어진 일들을 우리에게 유리한 방향으로 해석하는 데에 천부적인 재능이 있다는 거다.

심리적 면역체계는 '우리가 의식하지 않는 동안 끊임없이 우리가 자신의 운명에 만족하도록 돕는' 멋진 시스템이다. 심리적 면역체계라는 정돈 도구를 장착한 뇌는 인생 전체를 놓고 볼 때 저질러버린 일보다 하지 않은 일에 대해 후회하는 경우가 더 많다고 했다. 그러니 그냥 저질러야 했다. 뭐가 잘못된들 어떻단 말인가. 심리적 면역체계가 시간이 흐르면 실패 속에서도 어떤 의미를 발견해낼 수 있도록 도와줄 텐데.

발걸음이 가벼워졌다. '이걸로 충분한지' 묻지 말고 오늘의 나, 오늘 가진 것으로 이미 충분하다고 받아들이기. '이미 충분한' 내 운명으로, 남을 위해 사소한 순간 하나라도 아름답게 만들기. 한번 해볼 수도 있을 것 같다는 생각에 마음이 부풀어 올랐다.

산티아고에 가까워질수록 은근히 마음이 초조해졌는데 도착을 두려워할 필요가 없을 것 같았다. 이미 나는 내가 원하는 상태에 도착해 있고, 또 한편으로는 도착 같은 건 앞으로도 없을 것이기 때문이다. 다시 남동생 생각이 간절해 울음이 복받쳤다. 다행인 것은 남동생 모습이 불쑥 떠오를 때, 이전처럼 숨을 거두던 마지막 장면이 아니라 크루스 데 페로에서 그 아이가 웃으며 거니는 모습을 상상할 수 있다는 거였다.

깊은 숲 속의 길을 지나쳤다. 비가 오다 말다 날씨는 여전히 변덕이 심했다. 점심을 먹으러 들른 바에서 마농을 다시 만났다. 아니나 다를까, 이날도 어디에서 묵어야 할지 걱정이 태산이다. 옆 테이블의 도미닉은 산티아고 바로 직전 마을인 몬테 델 고소(Monte del Gozo)까지만 가겠다고 한다. 그렇게 하면 다음 날 아침 산티아고까지 10킬로미터만 걸어가면 된다는 거다. 도미닉은 카미노를 걷는 게 이번이 두 번째인데 산티아고에 '입성'하는 가장 좋은 방법이 오전 중 산티아고 대성당에 도착해 12시 정각에 열리는 미사에 참석하는 거라고 알려주었다.

고개를 갸웃하며 마농이 먼저 길을 떠났다. 얼마 걷지도 않아 금세 몬테 델 고소가 나타났다. 언덕에 올라서니 산티아고 대성당의 뾰족한 첨탑이 멀리서 보이기 시작했다. 언덕의 대형 조각상 앞에 서 있는데 마농이 다가왔다. 어떻게 할 거냐고 묻는다.

"글쎄. 오늘 성당엔 가고 싶지 않고, 산티아고 외곽의 알베르게에 묵을까 해요."

전날 에리카가 여기서 1.5킬로미터만 더 가면 시설이 아주 좋은 알베르게가 있다고 알려주었다. 마농은 한참 고민하더니 자긴 다음 날 버스를 타고 피니스테레에 가야 하기 때문에 도시 안으로 좀 더 들어가 버스터미널 가까운 곳의 알베르게를 찾아보겠다고 했다. 마농과도 이제 곧 작별이구나, 생각하니 괜스레 마음이 무거워졌다.

산티아고와 카미노 바이러스

마농과 함께 묵묵히 걸어 드디어 '산티아고'라고 적힌 표지판을 지나쳤다. 예상보다 무덤덤했다. 어라, 와버렸네, 하는 정도의 기분이다. 에리카가 알려준 알베르게 앞에서 마농과 헤어졌다. 듣던 대로 깨끗했지만 적막했다. 문이 잠긴 사무소 유리창에 오후 2시에 문을 연다고 메모가 붙어 있었다. 사무소 앞 벤치에 앉아 있는데 외톨이가 된 듯 기분이 이상해졌다.

아이들 한 떼가 우르르 몰려왔다. 점점 마음이 불편해졌다. 이건 아니라는 생각이 들기 시작했다. 아이들이 참새처럼 재잘댈 이곳에 머물고 싶지 않았다. 이날만큼은 함께 걸어온 사람들과 지내고 싶다는 생각이 강렬해졌다. 사무소 문을 열러 온 자원봉사자에게 버스터미널에서 가장 가까운 알베르게의 위치를 묻고 다시 배낭을 메고 돌아섰다.

그가 알려준 알베르게는 '아쿠아리오'라는 곳이다. 마농이 거기 있어야 할 텐데……. 지저분한 뒷골목으로 들어서 아쿠아리오의 문을 여는 순간 눅눅한 기운이 훅 끼쳤다. 덩달아 짧고 강렬한 후

한 달 넘게 걸어 산티아고에 발을 디뎠다. 도착의 순간은 예상보다 무덤덤했다.

회가 몰려왔다. 여긴 왜 이렇게 더럽고 눅눅한가. 끝이 좋아야 하는데……. 몇 분 전에 본 쾌적한 시설에 비하면 형편없는 환경을 둘러보다가, 어제 걱정도 팔자라고 마농을 놀려먹던 일이 생각났다. 나도 다를 바 없군. 피식 웃음이 나왔다.

샤워를 마치고 나오니 산드라가 눈에 띄었다. 오랜 친구를 만난 듯 반가웠다. 산드라는 낮 12시쯤 도착해 벌써 시내 구경을 마치고 돌아오는 길이라고 했다. 산드라와 이야기하고 있는데 마농이 빨래통을 들고 불쑥 나타났다. 나를 보더니 빨래통을 내던지고 달려와 호들갑을 떨었다.

"정말 잘 왔어! 아, 너무 좋아. 사실 여기가 후지고 눅눅해서 호텔에 갈까 생각해봤는데 한 달 넘게 알베르게에서 묵고 나니까 호텔에서 혼자 자기가 싫더라."

잠시 후 이름을 모르지만 길에서 계속 마주쳤던 남자 M도 문을 밀고 들어왔다. 반가운 얼굴들이 속속 무대에 오르는 배우들처럼 잇따라 나타났다. M은 카미노를 21일 만에 걸었는데 27일 휴가 중 6일이 남았으니 해변 끝 마을인 피니스테레에도 걸어가겠다고 했다. 산드라가 같이 성당 근처 번화가로 나가 저녁을 먹자고 하는 걸 사양했다. 성당에 가는 건 다음 날의 일로 아껴두고 싶었다. 산티아고에 들어설 때도 밋밋했는데 성당도 그렇게 아무렇지도 않게 봐버리고 싶지 않았다. 어쨌든 마침표는 근사하게 찍고 싶었다. 마농은 잠시 망설이더니 현금인출기에서 돈을 찾아야 한다면서 산드라를 따라 시내로 나갔다.

산티아고의 밤도 하루 일정을 마치면 씻고 빨래를 하던 평소의 일정과 크게 다르지 않았다. 뭔가를 해냈다는 성취감은 있지만 물밀듯 밀려오는 큰 감동은 없다. 어쩌면 그게 다일지도 모르겠다. 다음 날 성당에 가서 미사에 참석하고 순례자 증서를 받으면 뭔가 달라질지 궁금했다.

테이블에 앉아 일기를 쓰다가 폴란드에서 온 고샤, 일본에서 온 요코를 만났다. 영어 교사였던 고샤는 가르치는 일이 싫어 몇 년 전에 학교를 그만두고 영국 양로원에서 일을 한다고 했다. 여행을 마치고 돌아가면 베를린의 양로원에서 다시 비슷한 일을 시작할 예정이라고 했다. 폴란드의 영어 교사보다 영국이나 독일 양로원의 육체노동이 더 나은 근로 환경이라니, 조금 안쓰러웠다.

은퇴한 음악 선생인 요코는 영어를 거의 하지 못하는데 친구 사귀기의 수단으로 고향인 고베의 사진첩을 들고 다니면서 보여주었다. 히라가나만 겨우 뗀 엉터리 일본어로 그림과 한자를 그려가며 요코와 이야기를 나누었다. 요코는 매일 저녁 6시까지 걷는 강행군 끝에 카미노를 24일 만에 걸었다. 일본에도 카미노가 있다면서 여든여덟 개의 절을 순례하는 시코쿠 섬 이야기를 들려주었다. 정작 일본에 살면서도 시코쿠 섬 순례 코스는 숙박료가 너무 비싸 가볼 엄두가 나질 않는단다.

고샤, 요코와 저녁을 먹고 노닥거리는 사이 마농이 돌아왔다. 마농이 심각한 표정으로 잠깐 할 이야기가 있다면서 나를 불러냈다. 뭔가 곤란한 사정이 있는 모양이다. 그녀가 안절부절못한 표정으로 들려준 사연은 이랬다. 다음 날 밤 그녀는 마드리드행 열차표를 예약해두었다. 한나절 시간이 남는 동안 버스 투어로 피니스테레에 다녀오고 싶은데 투어 요금은 50유로. 마농이 갖고 있는 현금은 달랑 50유로뿐이다. 요금을 내고 나면 비상금은커녕 점심 밥값도 없다. 그 때문에 현금인출기를 찾으러 시내에 다녀왔는데 카드에 문제가 있는 모양인지 현금을 전혀 찾을 수 없다고 했다.

"그래서 말인데 혹시 나한테 돈을 좀 빌려줄 수 있어? 내일 네가 어디 묵을지 여기에 메모를 남겨주면 피니스테레에서 돌아온 다음에 찾아가서 꼭 갚을게. 형편이 이렇지만 피니스테레엔 꼭 가보고 싶어. 돈 빌려달란 부탁을 할 사람이 너밖에 없어. 물론 거절해도 괜찮아. 어려운 부탁인 것도 알고……."

서둘러 지갑을 열면서 마농의 말을 잘랐다.

"마농. 당신이 피니스테레에 가는 게 지금 가장 중요한 일이에요. 다른 건 신경 쓰지 마세요."

초반에 한국 아이들에게 마운틴 폴을 하나 빌려줄까 말까로 고민할 만큼 인색했던 나로서는 장족의 발전이었다. 줄곧 도움을 받기만 했는데 남을 도울 기회가 생겨 뿌듯하기까지 했다. 여행을 시작하던 첫날 만났던 마이클이 나더러 다른 사람에게 커피를 사라던 말이 떠올랐다. 감격해서 거의 울 것 같은 표정을 짓고 있던 마농을 바라보며 속말로 중얼거렸다.

'이봐, 마이클. 네 말대로 했다구!'

34일째. 계속 비가 내렸다. 드디어 산티아고의 중심에 '입성'하는 날이었다. 서두를 필요도 없지만 알베르게를 오전 8시까지는 비워줘야 해서 짐을 싸고 출발할 준비를 했다. 벌써 눈썹까지 그리고 곱게 화장을 마친 요코가 먼저 손을 흔들며 출발했다. 배낭을 둘러멘 M이 내게 다가와서 물었다.

"여기가 끝인가요?"

그렇다고 했더니 피니스테레에는 갈 생각이 없느냐고 묻는다. 내일 시외버스를 타고 갈 거라고 대답했다.

"그럼 이제 마지막이군요. 떠나기 전에 인사를 하고 싶었어요."

그가 손을 내밀면서 말했다.

"이름도 모르지만 길에서 당신을 볼 때마다 기분이 좋았어요. 움직이는 화살표처럼 느껴져서……. 내게 걸을 힘을 줘서 고마워요."

카미노에서 이제껏 들은 최상의 작별 인사였다. 이름과 이메일 주소를 물을까 하다가 그만두었다. M 역시 내게 더 아무것도 묻지 않았다.

지금까지 한 번도 다른 사람을 애써 쫓아가려고 노력한 적이 없다. 그런데도 계속 좋은 사람들을 만났다. 걷는 속도가 달라 다시는 만나지 못할 거라고 생각했던 사람도 며칠 뒤에 다시 만났다. 길이 선사해준 잊을 수 없는 기쁨 중의 하나였다. 그를 다시는 볼 수 없게 된다고 생각하니 갑자기 슬퍼졌다. 짧은 인사를 주고받은 뒤에도 악수한 손을 한동안 놓지 못하고 서 있었다.

마농과 함께 시내로 걸어가는 동안 그녀가 "네가 성당에 가는 걸 오늘로 아껴둔 건 아주 잘한 일"이라고 한다. 목적지를 너무 아무렇지도 않게 봐버리니 좀 당황스럽더라고 했다. 은행에 다시 들렀는데 이번엔 마농의 카드가 멀쩡했다. 마농이 현금을 인출하고 내가 빌려준 돈을 돌려주더니 자기는 피니스테레에 가야 하겠다고 한다. 마농이 나를 끌어안았다. 키가 작은 그녀가 판초를 입은 내 가슴팍에 얼굴을 묻었다.

"널 잊지 못할 거야. 마지막까지 좋은 여행이 되길 바래."

하나둘씩 작별 인사를 나누기 시작하면서 여행이 끝나간다는 걸 절감한다.

대성당 앞 광장에 도착했다. 거대한 위용의 성당 첨탑이 하늘을 찌를 듯 솟아 있다. 저걸 보려고 그 먼 길을 걸어왔단 말이지……. 광장 한복판에선 한 무리의 젊은이들이 기념사진을 찍으며 깔깔거렸다. 오른쪽 옆에선 커플로 보이는 순례자가 서로를 오래 끌어안고 서 있다. 나처럼 혼자 서서 성당을 올려다보는 사람들도 광장 군데군데 점처럼 흩어져 있다.

산티아고 대성당. 하늘을 찌를 듯 솟아 있는 성당 앞에 서면 저절로 압도되는 듯한 기분이다.

성당을 우러러보며 한참 서 있다가 사진을 몇 장 찍은 뒤 사람들이 몰려가는 길을 아무 생각 없이 따라갔다. 순례자 사무소였다. 카미노 순례를 마쳤음을 증명하는 순례자 증서를 받았다. 아, 이제 정말 끝났구나, 싶다. 약간 허탈했다. 이젠 뭘 하지?

사무소 밖에서 두리번거리는데 도미닉이 바 앞에서 손을 흔들었다. 1박이 15유로인 호스탈이 있다고 알려준다. 도미닉을 따라 호스탈에 가는 길에 그가 디지털 카메라의 액정 화면으로 사진들을 보여주었다. 여섯 명의 남자들이 몸이 불편한 친구를 들것에 싣고 걷는 사진이 있다.

"파울로 코엘료가 그랬잖아. 이 길은 모든 평범한 사람들을 위한 길이라고. 정말 모두를 위한 길이야. 그렇지 않니?"

도미닉은 카미노를 걷는 것이 두 번째인데도 처음 온 사람마냥 들떠 보였다.

짐을 풀고 성당의 12시 미사에 갔는데 늦게 도착해 자리가 없다. 성당 안은 등산복을 입은 사람들로 가득했다. 천천히 둘러보다 산드라와 로웬이 눈에 띄었다. 그 옆에 비집고 들어가 앉았다.

미사가 시작되기 전 수녀가 순례자 증서를 받은 사람들을 일일이 호명했다. 예전엔 이름을 불러주었다던데 사람이 너무 많아 그런지 국적을 불렀다. "도스 코레아노"라는 말이 들렸다. 이날 도착한 한국 사람이 나 말고 한 명 더 있는 것인지, 그 안에 내가 들어 있는 것인지 알 수 없었지만 좌우간 한 시기의 종료를 선언하는 졸업식장에 앉아 있는 느낌이었다.

내가 받은 순례자 증서

열 명의 사제가 함께 집전하는 미사는 장엄했다. 내내 무덤덤했는데 뭔가 벅찬 기운이 가슴속에서 치밀어 올라왔다. 성찬의 전례 후 영성체를 하러 나갈 땐 그 기운이 마침내 눈물로 터졌다. 여기 불러주셔서 감사합니다……, 기도가 절로 흘러나왔다.

미사가 끝날 즈음 대여섯 명의 복사가 대형 향로를 도르래에 매달아 공중에 흔들었다. 장엄한 성가가 울려 퍼지는 가운데 향로가 대형 시계추처럼 천천히 흔들리며 모든 사람들 머리 위로 연기를 뿜어냈다. 오래 기다려온 목표에 도달한 사람들이 곳곳에서 훌쩍였다. 나도 울고 산드라도 울었다. 일어나는데 앞쪽에서 일마즈 일행이 눈에 띄었다. 모두 눈가가 젖어 있다. 일일이 끌어안으며 도착을 서로 축하했다.

함께 기념사진을 찍고 점심을 먹었다. 일마즈는 크루스 데 페로를 지나면서 악몽을 꾸기 시작했지만 3, 4일 전부터 기분이 아주 좋아졌다고 한다. 자기 안에서 텅 빈 듯한 순간을 경험했는데 그 뒤로 너무 행복하다면서 벙글벙글 웃었다.

저녁에 다시 만나기로 한 뒤 헤어져 성당에 돌아갔다. 중앙 제단의 대형 야고보 동상 뒤로 난 작은 계단을 올라 야고보 성인의 어깨를 뒤에서 끌어안고 뒤통수에 입을 맞추는 의식을 따라 했다. 길의 끝에서 야고보가 도착을 승인하는 듯한 모양새였다. 아니, 거꾸로 이 남자가 이곳에서 우리가 다가오기를 오랫동안 기다리고 있었던 것만 같았다.

산티아고 대성당에서 순례를 마친 사람들이 미사를 기다리고 있다.
종교 의식이라기보다 한 시기의 종료를 선언하는 졸업식장에 앉아 있는 느낌이었다.

밤의 산티아고 길거리는 오랜 여행을 마치고 들뜬 순례자들로 넘쳐났다. 작은 골목의 식당과 바마다 사람들이 들끓었다. 친구들과 타파스 바에서 와인을 마시면서 낯선 얼굴과도 무람없이 어울렸다.

독일에서 온 플로리안이 "길에서 계속 널 봤다"면서 반갑다고 손을 내밀었다. 그는 2005년 하노버의 한 서점에서 열린 저자와의 만남 자리에 갔다가 카미노 순례기를 쓴 코미디언 하페 케르켈링을 직접 보았다고 했다.

"케르켈링이 카미노 이야기를 할 때의 눈빛이 잊히지 않아. 그의 눈이 반짝이는 걸 보는 순간, 나도 카미노에 가야 하겠다고 결심했지. 생각해봐. 중년에 이렇게 마음 설렐 만한 일이 또 있냐고."

비야당고스의 알베르게에서 만났던 독일 청년 스테판도 반갑게 인사를 건넸다. 그는 막 공부를 마친 스물일곱 살의 청년인데 사아군에서 출발해 3주 만에 카미노를 끝냈다. 비야당고스에서 그를 놀려먹던 게 생각나 웃음이 나왔다. 스테판이 지고 온 배낭은 무게가 무려 20킬로그램이다. 그런데도 속옷은 달랑 한 벌밖에 없다고 했다. 네 배낭에 도대체 뭐가 들었는지 구경 좀 하자고 덤비자 스테판이 질색을 하면서 달아났다. 그가 뭘 하면 좋을지 생각하고 싶어 걷는다고 했던 말이 생각나 물었다.

"그래, 네가 찾던 걸 찾았니?"

스테판이 고개를 가로저었다.

용기를 어디에서 구할까   겁쟁이 아줌마 마농

"아니. 아직도 모르겠어. 시간이 지나면 알게 되겠지."

스테판은 몇 년 전 8개월간 호주 배낭여행을 한 적이 있다고 했다. 그 여행은 자신을 바라보는 관점, 인생에 대한 생각을 바꿔놓았지만 그 여행이 자신을 얼마나 바꿔놓았는지 깨닫기까지 1, 2년이 걸렸다고 했다.

"여행으로 뭘 얻었는지는 여행이 끝나고도 시간이 한참 지나야 알 게 되는 것 같아. 이번에 나는 겨우 2주밖에 걷질 않았어. 중요한 것을 생각하고 얻기엔 짧은 시간이지. 그래서 별로 큰 기대는 하지 않아."

다들 얼큰하게 취해 '바 투어'를 하자면서 아이리시 바에 몰려갔다. 이번엔 사람 좋게 생긴 독일 할아버지 울프를 만났다. 동생 부부와 함께 왔는데 동생 부부는 여섯 번째, 울프는 두 번째 걷는 길이라고 했다.

"카미노가 나한테는 바이러스 같아. 사람들을 만나는 게 가장 좋지. 힘이 남아 있다면 내년에도 다시 걸으러 올 거야."

고개를 끄덕였다. 낯선 언어와 낯선 사람들 속에 섞여 있었지만 편안했다. 오랫동안 알던 사람들만 같다. 경험을 공유한다는 것이 이렇게 진한 연대감을 갖게 할 줄이야. 이 '좋음'이 오래 지속되진 않을 것이다. 살면서 두 번 다시는 만나기 어려울 사람들이다. 하지만 아무래도 좋았다. 한시적이지만 진한 우정에 취해 모두들 내일을 맞지 않을 사람들처럼 술잔을 기울였다.

산티아고 대성당 안에서 순례를 마친 친구들과 함께. 심술궂은 카메라 때문에 산티아고 대성당 안에서 친구들과 함께 찍은 유일한 사진은 '먹통'이 되어버리고 말았다.

«Je te lance depuis Saint-Jacques, vieille Europe, un cri plein d'amour, retrouve-toi, sois toi-même, découvre tes origines, ravive tes racines, revis dans ces valeurs authentiques qui rendirent ton histoire glorieuse et la présence dans les autres continents bénéfiques. Reconstruis l'on unité spirituelle dans un climat de respect total des autres religions et des vraies libertés».

Le Pape JEAN-PAUL II.

Le Président de l'Association a l'honneur de recommander à toutes les Autorités religieuses et civiles, ainsi qu'aux Autorités militaires et de la Gendarmerie, ce Pèlerin qui entreprend vers Compostelle la traditionnelle pérégrination, à la manière des anciens pèlerins, et leur demande de bien vouloir lui prêter aide et assistance en cas de besoin.

El Presidente de la Asociación solicita de todas las autoridades Eclesiásticas, Civiles, Militares que no pongan impedimento a este peregrino, en viaje de conmemorativa peregrinación a Compostela, siguiendo el "Camino de Santiago".

산티아고 그후

CARNET DE PÈLERIN DE SAINT-JACQUES
"Credencial del peregrino"

탐험을 멈춰서는 안 되네
그 탐험의 끝에서 우리는
출발했던 곳에 도달할 테지
그리고 처음으로 그곳을 알게 될 테지

T. S. 엘리엇, 〈네 개의 사중주〉

delivré par
Les Amis du Chemin de Saint-Jacques
Pyrénées-Atlantiques

39, rue de la Citadelle
F 64220 SAINT-JEAN-PIED-DE-PORT
Tél. 05.59.37.05.09
aucoeurduchemin.org

Camino de Santiago

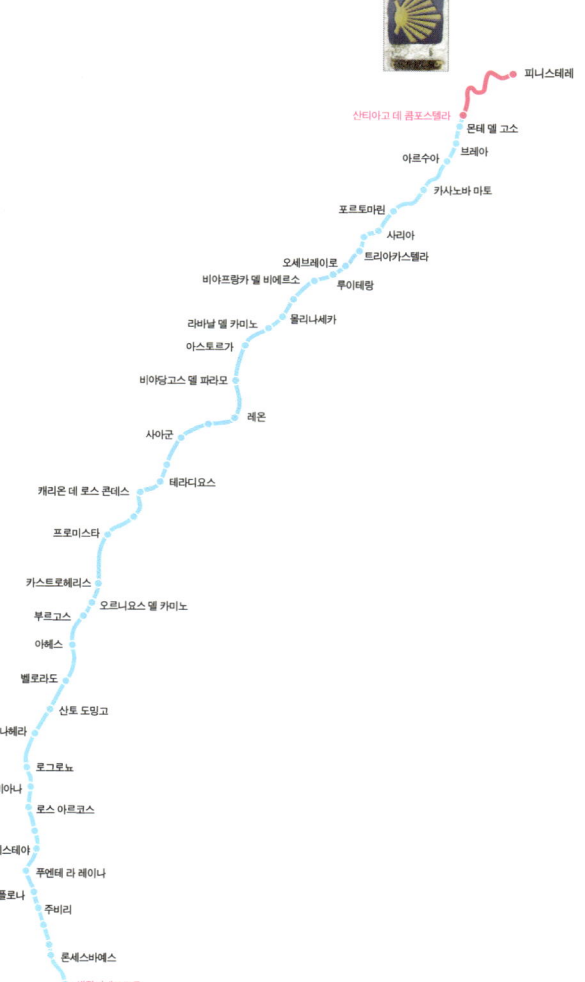

카미노 0.0킬로미터

스페인에도 땅끝 마을이 있다. 산티아고 서쪽의 바닷가 마을 피니스테레였다. 지명 자체가 '땅끝'이라는 뜻이다. 물리적인 '끝'까지 가기 위해 산티아고에서 이곳까지 3, 4일 더 걷는 사람들도 많다. 전날 산드라와 도미닉이 피니스테레까지 함께 걷자고 끈질기게 권유했지만 나는 버스 타기를 고집했다. 더 걷고 싶지 않았다. 한 달 넘게 흘러왔으니 하루 정도는 '끝'에서 잠시 고인 듯 느슨하게 지내고 싶었다.

피니스테레 골목을 어슬렁거리던 도중 한국에서 온 미혜와 문선을 만나 함께 피니스테레 해변가 언덕 위 등대로 향했다. 4킬로미터쯤 걸어야 하는 거리다. 해변에서 솟아오른 언덕 등성이엔 개나리를 닮은 노란 꽃들이 점묘화처럼 피었다.

언덕에 거의 다 오르자 눈에 익숙한 표지판이 눈에 띄었다. 카미노에서 거리를 알려주던 표지판 비석이었는데 이곳엔 '0.0킬로미터'라고 적혀 있었다. 더는 갈 곳이 없는 길의 끝. 이곳을 찾는 이들에게 '이제 끝이야. 네가 도달한 곳이 어디인지 잘 생각해보렴' 하고 알려주는 것만 같았다. 긴 여행이 끝났다는 것이 비로소 실감이 난다.

미혜와 문선이 떠나고 혼자 남았다. 봄날 오후처럼 대기는 나른하게 풀려 있었고 나루터에 정박한 꼬마 배들이 물결에 조용히 몸을 흔들었다. 방파제 둑 위에 앉아 한참 동안 수평선을 바라보았다.

산티아고 그 후

동네 주민이라도 되는 양 뒷짐을 지고 골목길을 어슬렁거리다 저녁 미사에 참석하러 작은 성당으로 향했다.

겉보기에 낡고 평범한 성당의 문을 밀고 들어가는 순간 '어라?' 싶었다. 정면에는 예수가 못 박힌 십자가상 대신 한 손에 지구본을 들고 다른 손을 흔들며 활짝 웃는 예수의 그림이 새겨져 있었다. 정면에 이런 그림이 그려진 성당은 처음 봤다. 예수의 고난 대신 부활의 기운이 어둑한 성당 안을 밝게 채웠다. 평소 성당에 들어와 무릎을 꿇으면 깊은 응달에서 착 가라앉는 듯한 느낌이 들곤 했던 마음속 자리가 여기선 햇빛을 받듯 환해졌다.

미사 도중 공동 기도를 읊는 순서마다 성가대가 반주도 없이 아카펠라 창법으로 노래를 불렀다. 주기도문도 사이먼 앤드 가펑클의 〈사운드 오브 사일런스〉 멜로디에 맞춰 불렀는데 이제껏 들어본 성가 중 가장 아름다웠다. 땅끝 어촌의 평범한 주민들이 어떻게 이렇게 완벽한 화음으로 노래할 수 있을까. 이 소박한 성당에선 예수도 행복해할 것 같았다. 미사 참석자는 거의 대부분 늙수그레한 할머니들이었고 등산복 차림의 참석자는 나밖에 없었다. 비밀스러운 초대를 받아 특별한 축복을 받는 듯 뿌듯했다.

미사가 끝난 뒤 해변의 일몰을 보러 등대 언덕에 다시 올랐다. 한 남자가 등산화를 불태우고 있었다. 한 달을 걷고 난 뒤 세상의 끝에서 신발을 불태우기. 말로만 듣거나 멀리서 보면 꽤 낭만적인 그림이 떠오른다. 하지만 가까이 다가가니 가죽이 타는 고약한 냄새 때문에 절로 눈살이 찌푸려졌다. 한 달 넘게 함께 걸어온 길동무를 왜 화형시키고 싶어 하는 걸까. 하루 전 산티아고 성당에서 미사를 기다릴 때, 산드라가 자기 신발을 내려다보며 중얼거리던 말이 생각났다.

"이상해……. 내 신발이 '난 걷고 싶어!' 하고 외치는 것만 같아."

나도 마찬가지였다. 내 등산화는 이제 앞이 갈라져 물이 새기 시작했지만 나는 이 신발을 버리거나 태우고 싶지 않았다. 이 먼 길을 함께 걸어온 내 동반자는 나와 함께 돌아가야 했다.

'땅끝' 마을 피니스테레에서 바라본 노을.
바위 위 등산화 모양의 조각은 고단한 순례의 종료를 알리는 기념물 같다.

언덕 곳곳에 순례자들이 와인 잔을 들고 앉아 어두워지는 바다를 바라보며 일몰을 기다렸다. 수평선 너머 길게 주황색 꼬리를 그리며 서서히 해가 저물었다. 해가 수평선 아래로 사라지는 적막한 풍경을 바라보며 "잔치는 끝났다"는 시 구절을 떠올렸다. 이제 돌아갈 시간이었다.

다음 날 아침 버스를 타고 산티아고에 되돌아오던 길에 "여행이 끝나면 스스로에게 주는 선물로 파라도르에 묵어보라"던 조의 말이 생각났다. 산티아고에서 하룻밤만 자고 비행기로 바르셀로나에 갈 참이었다. 그래, 오랜만에 내 몸도 호사를 시켜주자. 그럴 자격이 있고말고.

성당과 기역자 모양으로 마주 보고 선 파라도르의 육중한 문을 밀고 들어갔다. 순례자에게 주는 특별 할인도 없느냐고 끈질기게 우긴 끝에 199유로인 방값을 139유로로 깎았다. 그래 봤자 1박이 거의 30만 원 꼴이다. 카미노에서의 한 달 치 숙박료와 맞먹는다.

하지만 개발에 편자라고, 기껏 고급 호텔에 투숙해 제일 먼저 한 일이 속옷과 양말을 빠는 거였다. 겨우 이럴 거면서 괜한 허영심에 돈 낭비를 했다 싶어 후회막심이었다. 짐을 풀고 나가 식당이 즐비한 골목을 빙빙 돌며 어슬렁거렸다. 성당 근처에서 반가운 사람들을 만날 줄 알았는데 낯익은 얼굴이 눈에 띄지 않았다. 갑자기 손끝까지 저릿하게 외로워졌다. 여전히 골목마다 들뜬 순례자들이 넘쳐났지만, 이틀 전의 강렬했던 '동지애'는 온데간데없다. 축제가 한창인 도시 한복판에서 외톨이가 되어버린 듯 당혹스럽기까지 했다. 눈에 보이지 않는 '순례자'의 비밀 망토가 갑자기 사라진 것만 같았다. 내가 왜 여기 있지. 갑자기 의아스러워졌다. 정말 그 모든 일이 있긴 있었던 걸까. 한여름 밤의 꿈같은 건 아니었을까.

　실핏줄처럼 뻗은 작은 골목을 하릴없이 싸돌아다녔다. 무료해져서 뭘 할까 궁리하던 끝에 산티아고에 도착하면 이메일을 보내달라던 사람들의 얼굴이 떠올랐다. 아일랜드에서 왔던 마리와 노르웨이로 돌아간 베아테, 시리. 할 일이 생긴 게 반갑기까지 했다. 장황한 이메일을 보내고 혼자 맛없는 저녁을 먹은 뒤 밤 10시쯤 파라도르에 돌아갔다. 우주에게 소원을 빌면 이뤄진다던 마틴의 말이 다시 떠올랐다. 한 번 더 해볼까……. 반쯤 장난삼아 밤하늘을 올려다보며 속말을 했다. '남은 생애 동안 한 번만 더 카미노의 친구들을 만나게 해주시면 안 될까요…….' 이뤄지지 않을 게 뻔한 소망이라는 자각에 헛웃음이 나왔다.

　호텔 방문을 여니 문틈 사이로 바닥 카펫 위에 밀어 넣어져 있던 편지봉투가 눈에 띄었다. 이게 뭐지? 잘못 배달된 것이겠거니 하고 별 생각 없이 봉해지지 않은 봉투를 열어보았다. 눈을 의심했다. 마틴의 메모였다. 지금 산티아고에 있다면서 연락을 달라고 휴대전화 번호를 남겨놓았다. 이게 어떻게 된 일일까. 내가 여기 있는 걸 그가 도대체 어떻게 알았지. 영문을 모르겠다. 전화기 버튼

을 누르는데 가슴이 콩닥콩닥 뛴다.

"마틴입니다."

귀에 익숙한 그의 목소리가 전화선을 타고 내게로 달려왔다.

"여보세요? 마틴?"

"키미(카미노에서의 내 별명이다)? 우하, 자기야! 오랜만이야!"

그가 요란하게 웃었다. 첫마디에 내 목소리를 알아듣는 걸 보고 울컥해졌다.

"이럴 수가! 나 여기 있는 거 어떻게 알았어?"

"시리한테 문자 메시지를 받았어. 네가 오늘 파라도르에 묵는다고 메일 보냈다며."

지금 막 저녁 식사를 시작했다고 해서 1시간 뒤에 만나기로 했다. 전화를 끊고 침대 위에 벌러덩 드러누웠다. 오후까지만 해도 파라도르에 묵는 걸 돈 낭비라고 후회했는데 결과적으로는 잘한 짓 같다. 싸고 초라한 호스탈에 묵었더라면 시리가 '얘 참 별짓 다 한다'는 생각에 마틴에게 문자 메시지를 보낼 가능성도 적었을 터이다. 보냈더라도 호스탈이 널린 산티아고에서 그가 날 찾아내기란 쉽지 않았을 것이다. 자꾸만 웃음이 나왔다. 우주에 뭘 빌기만 하면 마틴을 만난다. 《시크릿》을 읽을 땐 쓸데없는 소리라고 일축했던 '끌어당김의 법칙'이 정말 있긴 있는가 보다.

"우와~, 너 멋있어졌다!"

반가운 마음에 덥수룩한 수염으로 뒤덮인 그의 얼굴이 멋져 보이기까지 했다. 레스토랑에 마틴과 함께 앉아 있던 사람들과 인사를 나누었다. 30년 지기인 그의 친구 알렉스(물론 여자다)가 일주일 전에 와서 마틴과 함께 산티아고까지 걸었다고 한다.

"아, 키미! 비밀을 나눌 파트너가 없어서 네가 얼마나 그리웠는지 몰라."

마틴이 밖에 나가 산보를 하자면서 팔을 내밀었다. 팔짱을 끼고 성당 앞 광장을 빙빙 돌았다.

"네게 들려줄 이야기가 있어. 나 다시 사랑에 빠진 것 같아."

도중에 만난 독일 여자 아이리스와 드디어 '진짜 연애'를 시작했다고 소곤거렸다. 그녀는 벌써 피니스테레를 향해 떠났고 마틴은 이틀 뒤 버스를 타고 가 합류할 예정이다.

"아이리스가 내 타입이 아닌데도 그렇게 되었어. 믿기지가 않아! 그런데 말이지. 좀 상황이 곤란해. 알렉스가 날 좋아하거든. 아이리스와 함께 만난 적이 있는데 알렉스가 질투하는 게 느껴져. 어떻게 해야 되지? 알렉스에게 말을 해줘야 하나? 날 만나러 여기까지 왔는데 다른 여자가 생겼다고 하면 그녀에게 너무 잔인한 것 아닐까?"

사람은 잘 변하지 않는 모양이다. 마틴은 역시 그대로였다. '베드 호핑' 대신 한 사람에게 열중하고 있으니 그나마 나아졌다고 해야 할까.

풍선에서 바람이 빠지듯 부푼 마음이 가라앉았다. 계속 시계를

산티아고 그 후

들여다보며 기다리다 한달음에 달려왔는데…… 괜히 맥이 빠졌다. 파라도르에 메모까지 남겨가며 그가 날 찾은 걸 보고 은근히 우쭐하던 터였다.

"카미노가 끝나면 마음이 달라질지도 모르니 좀 더 두고 봐야 하는 거 아냐?"

이렇게 조언하면서 말머리를 돌렸다.

"근데 넌 혼자 있는 시간은 좀 가졌니?"

"말도 마. 난 안 돼. 너무 어려워. 그게 문제야. 그 기준으로 보면 내 여행은 실패했다고 해도 사실 할 말이 없지. ……다른 기회가 또 있겠지, 뭐."

"아직 여행이 안 끝났잖아. 피니스테레에 간다고 했지? 거기 바닷가 언덕 위에서 혼자 있어봐. 좋더라."

"그래? 그래야겠다. 어? 가만. 아이리스와 만나기로 했는데. 거기서 배낭을 태워버릴 거래. 그거 도와줘야 돼."

여행이 실패했다고 말하면서도 아무렇지도 않은 듯 마틴이 낄낄거리며 웃었다. 기가 막혀 웃음이 따라 나왔다. 그가 휴대전화를 꺼내 자랑하듯 문자 메시지 발신자 리스트를 보여주었다. 온통 아이리스 이름뿐이다.

"넌 그놈의 휴대전화를 가져오지 말았어야 했어. 하루에도 문자 메시지가 수십 개씩 오는데 어떻게 혼자 있냐."

"무슨 말씀이셔? 휴대전화가 없었다면 지금 너도 못 만났을걸?

이건 행운의 도구야."

다시 레스토랑으로 돌아갔다. 마틴이 카미노에서 얻은 성과가 하나 더 있다면서 이제 법적으로 깨끗한 싱글이 됐다고 들려주었다. 크루스 데 페로에서 결혼반지를 묻은 다음 날, 변호사에게 연락이 와서 팩스로 서류를 받아 사인을 하는 것으로 이혼 절차를 모두 끝냈다고 한다.

"축하해! 잘됐네."

"고마워. 하지만 여전히 마음은 불편해. 일주일에 한 번씩 아이들을 보러 갈 때마다 전처를 봐야 되잖아. 일주일에 한 번씩 내 실패를 목격하게 되는 건데, 상상만 해도 끔찍해……."

마틴이 갑자기 생각난 듯 크루스 데 페로에 결혼반지를 묻은 장소를 보여주겠다면서 카메라를 꺼내 내밀었다.

"여기가 내가 반지를 묻은 곳이야."

눈이 번쩍 뜨였다. 카메라 액정 화면 가득히 내 아버지의 세례명과 똑같은 이름이 적힌 작은 돌과 묵주가 담겨 있었다. 내가 남동생의 사진을 묻은 곳이었다. 제 설움에 겨워 울어쌓느라 나는 그곳 사진을 찍을 생각조차 하지 못했다. 이렇게 다시 보게 될 줄이야……. 눈이 왕방울만 해져 마틴에게 같은 곳에 나는 동생 사진을 묻었다고 들려주었다.

"대단한 인연이네! 너와 나의 과거가 함께 묻혀 있구나."

산티아고 그 후

난 '과거'를 물은 게 아니라고 항변하듯 말하자 마틴이 말을 정정했다.

"오해하지 마. 내 말은 우리가 크루스 데 페로에서 과거를 놔주었다는 뜻이야. 너도 그래야 하잖아."

순하게 고개를 끄덕였다. 그의 말이 맞다. 과거의 한 시점에 묶인 마음, 그 마음에 같이 묶여 있었을지도 모를 남동생의 영혼을 풀어 훨훨 자유롭게 해주고 싶었다. 속에서 뜨거운 기운이 치밀어 올라오더니 눈물방울이 되어 액정 화면 위에 뚝 떨어졌다. 서둘러 옷자락으로 액정 화면 위의 물기를 닦아내던 내 어깨를 마틴이 말없이 토닥거렸다.

자정이 넘어 자리가 파했다. 에스코트를 자청한 마틴과 함께 파라도르까지 와서 작별 인사를 나누었다. 괜히 목이 메었다.

"그거 알아? 너 만나기 전에 우주에게 빌었어. 다시 한 번 카미노의 친구들을 만나게 해달라고. 우주가 소원을 잘 들어주더라. 앞으론 빌어도 소용없겠지만……."

크루스 데 페로에서 내가 남동생의 사진을,
마틴이 결혼반지를 묻은 곳. 마틴이 보내준 사진이다.

마틴이 내 머리를 쓰다듬었다.

"무슨 소리야. 앞일을 어떻게 알아. 지구는 이제 한 마을이나 마찬가지야. 다시 만날 수 있다는 희망을 버리지 말자고."

여러 번 끌어안으며 오래 작별 인사를 나누었다. 마침내 마틴이 손을 흔들며 광장 위에 짙게 깔린 어둠 속으로 사라졌다.

안달루시아, 살아 있음의 체험

……이쯤에서 여행기를 끝내야 하는 게 아닐까. 글을 쓰는 지금도 망설여진다. 하지만 돌이켜 보면, 산티아고의 바에서 만난 독일 청년 스테판의 말이 옳았다. "여행이 내게 무엇이었는지는 여행이 끝나고 한참 지난 뒤에야 알게 되는 것"이다. '그 후 오래오래 행복하게 살았다'는 동화의 해피엔딩처럼, 나는 더 이상 예전의 내가 아니며 새 삶을 살게 되었노라고 선언할 수만 있다면 얼마나 좋을까.

안타깝게도 그런 일은 일어나지 않았다. 어쩌면 카미노를 떠난 뒤부터, 마법의 주문이 풀려버린 뒤부터 진짜 순례가 시작되었다. 혼자서 맞닥뜨려야 하는, 끝나지 않을 순례.

산티아고를 떠나자마자 나는 '포스트-카미노 증후군'이라 부를 만한 우울에 시달렸다. 바르셀로나에서 가우디의 걸작들을 목격할 때에도 아무런 감흥이 일지 않았다. 뭘 봐도 시들했다. 노란 화살표가 없는 거리를 걷는 게 당황스러웠다. 자주 걸음을 멈추고 두리번

산티아고 그 후

거렸다. '어디로 가지…….' 이번엔 대답하기가 쉽지 않았다. 카미노의 바에서 쉬면서 마시던 맥주는 그렇게 맛있을 수가 없었는데, 바르셀로나의 훨씬 멋진 바에서 마시는 맥주는 밍밍하기만 했다.

바르셀로나 근교 몬세라트(Montserrat) 수도원에서 그 유명한 소년 성가대의 합창을 들을 때도 마음이 미동도 하지 않았다. 천상의 소리라고들 하는 성가대의 노래도 내 귀엔 피니스테레의 작은 성당에서 주민들이 불렀던 성가에 한참 미치지 못했다. 가벼운 옷차림의 관광객들을 스쳐 지나갈 때마다 스스로가 이물질처럼 낯설었다. '너희들은 모르겠지만 난 이런 걸 겪었다구' 하는 기분이었지만, 알아주거나 공감할 사람 하나 없이 쓸쓸하게 귀환한 정복자 같았다.

산악열차를 타고 돌산 위의 수도원을 다녀오던 길에 바닥에서 노란 화살표를 보았다. 눈물이 핑 돌았다. 나중에 알고 보니 노란 화살표는 스페인의 길거리에 흔한 방향 표지에 불과했다. 그래도 내 눈에 카미노가 아닌 곳에서 마주친 노란 화살표는 그걸 알아보는 사람에게만 말을 건네는, 우리가 함께했던 시간을 잊지 말라고 깨우쳐주는 암호 같았다.

하루에 20~30킬로미터씩 걷는 것도 아니고 슬렁슬렁 다니는데도 자주 주저앉고만 싶었다. 짧은 시간을 알차게 계획해 많은 것을 보겠다는 관광객의 '본전 심리'도 발휘되지 않았다. 한 달 정도의 여유 시간을 온통 이렇게 무성의한 관광으로 때울 수야 없지……. 서점에 들러 책 몇 권을 산 뒤 안달루시아 지방으로 향했다.

바르셀로나 근교 몬세라트 수도원

안달루시아 지방에 삼각형의 꼭짓점처럼 위치한 세비야, 코르도바, 그라나다를 오가며 3주 넘게 머물렀다. 카미노 이후 혼란스럽고 우울하던 마음이 비로소 가라앉았다.

이 아름다운 도시들이 자아내는 공기는 한 달 넘게 걸었던 스페인 북쪽 지역과 전혀 달랐다. 북쪽의 산티아고가 이베리아 반도를 8백 년간 지배해온 이슬람교도를 몰아낸 기독교인들의 상징적 '구심'이었다면, 남쪽의 그라나다는 반도에서 추방당한 무슬림들의 마지막 '거점'이었다. 산티아고의 대성당이 승리자의 영광과 위풍당당함으로 하늘 높이 치솟은 것과 달리, 그라나다의 알함브라 궁전에는 패배한 왕족의 한숨이 미세한 장식마다 배어 있는 듯했다.

알함브라의 벽과 천정 장식들은 만지면 부스러질 듯 극도로 정교했다. 그토록 섬세하고 연약한 장식들이 그 오랜 세월의 고난, 전쟁과 사람들의 손때를 견뎌냈다는 사실이 놀라울 정도였다. 안

산티아고 그 후

그라나다 알바이신 지구 쪽에서 바라본 알함브라 궁전. 집시 악사들이 데려온 개가 기지개를 켜고 있다.

달루시아 지방의 특징을 한 단어로 표현한다면 '뒤섞임'이다. 몇 세기 동안 피비린내 나는 전쟁으로 얼룩졌던, 끝없이 반목하고 적대하던 두 문화가 길거리의 벽돌, 건물의 장식과 쓰임새에 아무렇지도 않게 뒤섞여 있었다.

코르도바의 메스키타(Mezquita) 사원을 보았을 때 느꼈던 놀라움은 쉽게 가시지 않았다. 대형 이슬람 모스크였던 메스키타 사원 안에는 르네상스 양식의 예배당이 들어앉아 있다. 이 지역을 점령한 스페인의 카를로스 5세는 모스크를 헐어내는 대신 그 안에 예배당을 짓도록 했다. 그의 입장에선 모스크가 '악의 무리'의 성전이었을 텐데도 이를 허무는 대신 그 안에 예배당을 지은 선택이 어쩐지 종교보다 큰 아름다움에 대한 경외처럼 느껴진다.

당시 카를로스 5세는 거의 완성된 예배당을 보고 "독특한 아름다움이 있던 자리에 고작 그렇게 평범한 기둥밖에 세우지 못하느냐"고 화를 냈다고 한다. 그러나 수백 년이 흘러 이곳을 찾은 여행자의 눈엔 평범한 예배당이 모스크 안에서 평화롭게 '공존'한다는 사실 그 자체가 가장 아름다워 보였다. 이슬람의 둥근 기둥과 붉은 장식은 기독교의 하얀 대리석 장식과 기막히게 어울렸다.

자주 편견에 시달리고 곧잘 흑백논리로 세상과 사람을 재단하면서도, 아름다움에 대한 내 동경은 늘 이질적인 것들의 뒤섞임과 경계의 초월에 가서 꽂히곤 했다. 야고보 성인이 있는 기독교의 성지를 향해 한 방향으로 뻗은 카미노를 걸을 때에도 마찬가지였다. 그

산티아고 그 후

길이 내게 아름다웠던 것은 깊은 영성이나 다른 어떤 것 때문이 아니라 무수한 색실로 하나의 직물을 짜듯 다양한 사람들이 뒤섞여 빚어낸 관계 덕분이었다. 노르웨이에서 온 베아테가 어느 날 밤 노래를 부르다 감격어린 표정으로 토해낸 감탄이 잊히지 않았다. "우리는 얼마나 다르면서 또 얼마나 같은가." 기독교와 이슬람의 무늬들이 뒤섞인 안달루시아 지방을 떠돌면서도 계속 그 말이 머릿속에서 맴돌았다.

그라나다에 머문 일주일 동안 매일 저녁 알바이신(Albaicín) 지구의 골목길을 뱅뱅 돌아 사크로몬테(Sacromonte) 언덕까지 걸어 올라가서 집시의 바인 '로스 파롤레스'에 들렀다. 테라스에 앉으면 건너편 산 위의 알함브라 궁전이 정면으로 바라보이는 곳이다. 저녁 식사를 한 뒤 그곳에서 와인을 마시며 해가 질 때까지 미국 소설가 워싱턴 어빙(Washington Irving)의 《알함브라》를 읽는 것이 내 일과였다.

저녁을 먹고 가면 손님은 늘 나밖에 없었다. 레드 와인 한 잔을 들고 테라스의 의자에 앉으면 검은 고양이가 옆자리 의자에 뛰어 올라 웅크리고 앉아 나와 함께 건너편 산 위의 알함브라 궁전을 바라보곤 했다.

그라나다에서의 마지막 날, 이곳에서 《알함브라》를 마저 다 읽은 뒤 늘 그랬듯 레드 와인 잔을 들고 검은 고양이와 나란히 앉아 궁전 너머로 해가 지는 풍경을 바라보았다. 어빙의 이야기를 읽고 난 뒤라 그런지 석양을 등지고 서 있는 견고한 성벽 너머로 삭막한 역사적 사실 위에 덧붙여진 전설의 이미지들이 잇따라 떠올랐다.

사람들이 모두 떠난 밤이면 알함브라 궁전의 바닥에 파인 수로를 따라 무어인(스페인에 살던 무슬림들)의 혼들이 되돌아와 궁전을 거니는 장면, 성 안에 갇힌 왕비가 겁에 질린 어린 아들을 저기 어딘가의 성벽에서 스카프를 묶어 만든 밧줄로 내려 보내는 광경, 사랑을 잃고 구슬피 울며 비파를 켜는 공주, 방마다 서린 한숨과 슬픔…….

안달루시아에서의 마지막 날이라 그랬는지도 모르겠다. 내 문제, 내 불안, 나를 벗어나니 비로소 대상의 온전한 아름다움이 눈에 들어왔다. 아름다운 이야기에 이끌려 산티아고에 간다던 일마즈의 마음을 이제야 제대로 이해할 수 있을 것 같았다. 순간, 프랑스 생장피에드포르를 출발해 산티아고를 거쳐 여기에 오기까지의 장면들이 연속 필름처럼 머릿속에서 빠르게 흘러갔다. 레드 와인

로스 파롤레스 바에서 늘 내 옆자리를 지켰던 검은 고양이

의 기운이 몸속을 타고 흐르듯 충만한 기분이 전신으로 퍼져 나갔다. 이 느낌이 뭘까……. 그래, 바로 그거였다. 아, 내가 살아 있구나 하는 느낌.

신화학자 조지프 캠벨(Joseph Campbell)은 인간이 궁극적으로 찾는 건 "삶의 의미가 아니라 살아 있음의 체험"이라고 들려주었다. 육체적인 경험과 내적인 경험이 현실 안에서 공명할 때라야 겪을 수 있는, 살아 있음의 황홀. 우리가 이 세상에서 얻을 수 있는 최상은 어떤 순간에 현존하는 그런 경험뿐이라는 거였다.

알함브라 궁전 너머로 지는 해에 건배하듯 잔을 들었다. 이곳까지 나를 오게 만든 그 모든 우연에 깊이 머리 숙여 절이라도 하고 싶은 기분이었다.

오랫동안 나는 "하나의 문이 닫히면 신은 다른 문을 열어놓는다"던 헬렌 켈러의 말을 믿지 않았다. 면전에서 문이 쾅쾅 닫히듯 하나의 관계가 끝나고 기회가 사라질 때면 주변이 컴컴하게만 느껴졌다. 중요했던 무언가를 잃은 게 대단한 선택의 결과도 아니었다. 청춘의 어리석음, 미숙한 사랑, 오만한 자존심에 눈이 멀어서였다. 제대로 의식조차 하지 못한 사소한 실수의 누적으로 중요한 것들을 잃어버릴 때마다 스스로를 탓했고, 닫혀버린 문 너머 펼쳐져 있을, 내가 좀 더 현명했더라면 내 것으로 누리고 있었을지도 모를 행복을 부러워했다.

하지만 이젠 알겠다. 닫힌 문 앞을 떠나 내 몫으로 주어진 길고 어두운 통로를 지나고 나면 늘 어떤 문은 열려 있다. 그게 활짝 열려 젖혀진 대문이 아니라 화장실 창문 틈새처럼 눈에 잘 띄지 않는 문이라 해도 말이다. 열린 문을 찾아내지 못한다면 그건 내가 눈앞에서 닫힌 문을 너무 오래 바라보고 있었기 때문이다.

눈앞에서 문이 쾅 닫히지 않았더라면 열패감에 오래 시달릴 일은 없었을지도 모른다. 하지만 다른 사람의 고통에 공감하는 마음을 배우진 못했을 것이다. 혼자서 이렇게 많은 시간을 보내지도, 카미노를 걷지도, 알함브라 궁전의 노을을 바라보며 충만함에 몸을 떠는 체험도 하지 못했을 것이다.

카미노에서 나는 스스로가 아주 다른 사람처럼 느껴졌다. 잘 씻지도 못하고 화장도 하지 않았지만 나 자신이 평소보다 더 예쁘고 생기 있고 젊다고 느꼈다. 지도도, 가이드북도 없는데 앞으로 일어날 일에 대해서도 별 걱정이 되지 않았다. 가끔 앞날이 불안하게 느껴질 때는 툭하면 발목을 접질렸던 장소가 주로 평탄한 길이었다는 점을 떠올렸다. 전진하며 올라가는 길에선 아무리 힘들더라도 다리를 다치는 일은 없었다.

내가 '사실'로 겪어 아는 것은 내가 걷는 길의 아름다움뿐이다. 가지 못한 길에 대한 상상으로 내가 아는 길의 선물을 더 이상 망치고 싶지 않았다. 내 삶을, 내게 벌어진 일들을 받아들이는 것만이 이 길의 굽이굽이에 숨겨져 있을 기쁨을 발견할 수 있는 유일한 방법일 것이다.

산티아고 그 후

누구에게나 마찬가지이지만 세상엔 나 한 사람을 제외하고 다른 누구도 갈 수 없는 단 하나의 길이 있다고 믿는다. 더 이상 다른 사람의 완벽해 보이는 운명을 흉내 내려 안달하지 않고 나 자신의 불완전한 운명을 기꺼이 받아들여야 했다. 카미노를 걸었다고 해서, 어떤 대단한 경험을 했다고 해서 사람이 저절로 달라지진 않는다. 우리는 다만 변화하기로 '선택'할 수 있을 뿐이지 않을까. 대개의 변화는 늘 느리게, 알아차리기 힘들게 일어난다. 중요한 것은 세상의 속도가 아니라 나 자신의 속도였다. 내 속도에 맞지 않을 다른 지름길을 꿈꾸던 백일몽에서 빠져나와, 느리더라도 단단하게 한 걸음씩 발을 내디뎌야 했다.

알함브라 궁전 너머로 해가 지는 것을 바라보며 긴 여행을 마무리하다.

에필로그
그리고 그들은 어떻게 되었을까

집에 돌아온 뒤 카미노의 친구들과 이메일로 수시로 연락을 주고받았다. 길고 특별한 여행 이후 그들은 어떻게 달라졌을까.

여행의 경험을 일상에 통합하려고 가장 애를 쓰는 사람은 캐나다 아주머니 마농이다. 난생처음 오래 혼자 걸어본 경험을 반추하는 시간을 가지면서 카미노에서 얻은 교훈을 일상에서 되살려내려 노력하는 것 같았다.

마농은 여행을 끝내고 집에 돌아간 지 사흘 만에 '할머니'가 되었다. "손자가 나를 기다렸다가 선물처럼 태어났다"고 했다. 마농의 손자 이름은 자비에르다. 인터넷 사용에 익숙하지 않은 마농은 딸 야스민을 통해 자비에르의 사진을 보내주었다. 품에 손자를 안고 들여다보는 마농의 얼굴이 더할 나위 없이 충만해 보였다. 그녀는 자신에게 카미노가 무엇인지를 한 단어로 표현한다면 "만남"이라고 들려주었다.

"길 위에서가 아니었다면 만나지 못했을 친구들과의 만남, 그리고 이런 환경에서가 아니었다면 불가능했을 나 자신과의 만남 말이야. 50년 넘게 살면서 나 자신을 꽤 안다고 생각해왔는데 이전에 몰랐던 개인적인 자질도 새롭게 발견했어. 용기와 결단력이 있고 이전보다 유머 감각이나 감각적인 우뇌가 더 많이 개발된 것 같은 나 자신이 마음에 들어. 내 한계를 한번 넘어서본 듯한 기분이야."

또한 '다른 사람들과 다른 자신만의 페이스를 따르기', '차이를 웃으면서 받아들이기', '하고 싶은 일이 있다면 뒤로 미루지 말고 지금 당장 하기'를 이후의 삶에서 계속 유지하고 싶은 카미노의 교훈으로 꼽았다.

마농은 1년 뒤 남편과 함께 다시 카미노를 걸을 예정이라고 한다. 카미노 순례를 준비하는 사람들을 돕는 순례자 협회에 가입해 모임에도 곧잘 나가면서 다음 여행을 준비한다고 했다.

카미노를 걸으며 마을 호스피스 시설의 후원금을 모았던 조와 조지는 모두 4300파운드를 모아 호스피스에 전달했다. 이메일에 익숙하지 않은 조 대신 조지가 자신의 이야기를 들려주었다.

"돌아온 직후엔 기분이 묘하게 허탈했단다. 영혼은 여전히 카미노에 머물러 있는 것 같았으니까. 집에 돌아오니 사람들이 왜 이렇게 사소한 일로 바쁜지……. 돈, 일, 시간, 내일 등의 문제로 왜 그렇게 필요 이상의 걱정을 하는지 이상하게만 보였어."

조지는 나와 헤어진 뒤 걷는 동안 길 위에서 영성을 만난 것 같다고 했다.

"어느 날인가 무릎이 너무 아파 걱정될 때 나도 모르게 도와달라는 기도가 입에서 흘러나온 적이 있어. 시간이 지나고 나니 내가 알아차리지도 못한 새에 무릎이 나아져 있더라. 이전에 겪어본 적이 없던 종류의 평화를 느꼈어. 내 안에 누군가 다른 사람이 함께 있어서 나의 변모를 지켜보고 이끌었던 것만 같은 기분이란다. 카미노에서 나는 단순한 도보 여행자로 출발했지만 점차 순례자로 변모했어. ……어쩌면 삶을 순례로 만들어야 할지도 모른다는 생각이 드는구나."

이 원기 왕성한 할아버지들은 카미노를 걸은 지 6개월 뒤인 11월에도 스코틀랜드의 도보 여행 트레일을 일주일간 걷고 돌아왔다고 한다. 조와 조지가 농담을 주고받으며 빠른 걸음으로 광막한 하이랜드를 가로지르는 모습이 눈에 선했다.

여행 소식을 전해주던 이메일에서 조지는 이렇게 말했다.

"난 아직도 카미노에서의 생활, 그날 하루에 충실했던 나날이 그리워. 탐욕 때문에 지금 세계 경제가 엉망이 되어버린 꼴을 좀 보렴. 내일에 대한 걱정, 불안 때문에 더 갖고 쟁여놓으려고 안달하는 대신 당장 오늘 옳은 일을 했더라면 이런 일이 생겼을까. 카미노에서 내가 얻은 교훈을 다시 생각하게 되는구나. 오늘 당장 옳은 일을 하라. 그러면 내일은 어떤 두려움도, 걱정도 없을 것이라고."

애런은 스페인 여행을 마친 뒤 말레이시아에 머물고 있다. '포스트-카미노 우울증'에 시달렸던 사람은 나뿐이 아니었다. 애런도 카미노 이후 세비야와 마드리드를 여행하면서 '포스트-카미노 우울증'에 시달렸다. 산티아고에서도 별 다른 감동이 없었다고 했다. 웅장한 성당도 그의 눈엔 '특정 종교의 우월성을 과시하는 기념물'에 불과해 보였다. 애런은 되레 카미노에서 겪었던 '아주 작은 정신적 변화'가 삶에 얼마나 커다란 변화를 만들어내는지를 느꼈다고 했다. 그가 느낀 정신적 변화란 꿈 이야기였다.

"내가 아주 좋아했던 할머니가 지난해 아흔한 살로 돌아가셨거든. 카미노에서 어느 날 페낭의 할머니 집에 가는 꿈을 꿨어. 꿈속의 나는 아주 어렸고 뭔가를 잘못해서 혼이 날까 봐 숨어 있었는데 사촌이 할머니에게 이른다고 막 뛰어가는 거야. 걔를 붙잡으려고 뒤쫓아 가다가 암에 걸린 할머니가 누워 계시던 침대 앞까지 가게 됐지. 할머니를 보고선 내가 무릎을 꿇고 용서를 빌면서 울기 시작했어. 할머니가 침대에서 일어나 내 어깨를 부드럽게 쓰다듬더니 나를 일으켜 세우셨어. 여전히 겁에 질린 내가 울먹이면서 말했지. '제가 잘못했어요. 전 나쁜 애에요.' 그런데 할머니가 나를 부드러운 눈길로 바라보더니 말씀하시는 거야. '그래도 넌 옳은 일을 했잖니. 처음부터 널 용서할 일이 전혀 없었단다.'

그때 잠에서 깼어. 계속 눈물을 흘리면서 꿈의 내용을 되짚어보다가 마음속에서 뭔가가 툭 풀리는 듯한 해방감이 느껴지더라. 〈파운틴〉이라는 영화 본 적 있니? 그 영화에서 이사벨 여왕이 '스페인을 속박으로부터 구해줄 수 있나요?' 하고 묻는 대사가 나와. 카미노를 걷기 시작하면서 나도 수첩에 적어두었지. '스페인, 나를 속박으로부터 구해줄 수 있니?'

할머니 꿈이 그런 내 질문에 대한 응답처럼 느껴져. 네가 눈치 챘을지 모르겠는데 카미노를 걸을 때 난 좀 우울한 상태였거든. 감정을 드러내지 않으려고 노력했지만 풀리지 않는 매듭이 마음속에 있는 기분이었어. 그런데 할머니의 꿈을 꾸면서 그 속박에서 풀려난 것 같아."

애런은 그동안 자기 파괴적인 자아상과 맞서 싸우느라 에너지를 소모했던 마음의 짐을 내려놓고 정화되고 겁이 없던 스스로를 되찾을 수 있을 것 같다고 했다. 그는 말레이시아에서 새 직장을 구해 일하면서 테니스, 요가, 권투로 몸을 단련하고 영적인 진보를 이뤄내기 위한 수련을 하는 중이다. 애런의 모색이 어느 지점에 도달할지는 모르겠다. 흥미롭게 지켜보고 있는 중이다.

한동안 연락이 끊겼던 마틴은 산티아고에서 돌아온 지 넉 달이 지난 뒤 다시 연락이 닿았다. 드디어 찾았다던 새로운 사랑과는 그새 헤어지고 일상의 스트레스 속에 오래 허덕였다고 했다.

"전처와 함께 살던 집을 수리하고, 돈 문제와 아이들 면접교섭권 문제로 다투고……. 하여간 말도 못하게 스트레스를 받다가 어느 날 결심했어. 9일짜리 아바타 코스(마음 수련 프로그램)에 참석했지. 아마 믿지 못할 거야. 그 프로그램이 어떻게 내 인생을 바꿔놓았는지. 나는 나쁜 사람이고 건강한 관계를 맺기가 불가능하다는 낡은 믿음을 버렸어. 다시 운동을 하기 시작했고 명상 훈련도 하는 중이야."

그는 혼자가 되는 두려움과 맞서는 것은 아직도 해결해야 할 과제로 남아 있다고 했다.

"네가 알다시피 카미노에서 나는 계속 멋진 여자들과 함께 걸었잖니. 돌아와서도 한동안 친밀한 관계를 필사적으로 찾아다녔지. 매주 다른 여자와 잤어. 그런데 어느 토요일, 처음 만난 여자와 섹스를 하고 난 뒤 비로소 깨달았어. 더 이상 마음 깊이 사랑하지 않는 여자와 섹스를 하고 싶지 않다는 것. 내겐 중요한 교훈이야. 내 안으로 더 들어가서 내면에서 더 많은 평화를 찾아야 할 필요를 느껴."

그는 "카미노에서 너와 내가 비밀만 나누고 침대를 공유하지 않은 건 정말 잘한 일"이라고 말했다. 덕분에 영원히 좋은 친구로 남게 되었다면서. 이메일을 쓰면서 키득거렸을 그의 얼굴이 눈에 선했다.

어떤 이는 카미노에서 겪은 고통과 성취, 고독과 연대감, 불안과 믿음을 자신에게 의미 있는 경험으로 통합해내는 데 성공한 반면 어떤 이는 그렇지 못한 것 같았다. 어쩌면 카미노가 자신을 변화시켰다고 믿는 사람에게도 카미노는 촉매 이상의 역할이 아니었을 것이다. 변화를 이끌어내는 것은 결국 자신의 힘일 테니까.

신화학자 조지프 캠벨은 《천의 얼굴을 가진 영웅》에서 전 세계 어떤 문화권이든 신화와 전설에서 공통적으로 드러나는 영웅의 여정을 분석하면서 그들의 모험이 본질적으로 다르지 않다고 들려주었다. 모험적인 여행을 통해 영웅이 애써 찾아다니고 위기를 넘기면서 얻어낸 신적인 권능은 "처음부터 영웅의 내부에 있었던 것"으로 드러난다는 것이다. 그러고 보면 신화와 전설 속의 영웅은 이미 우리 모두의 안에 있으면서 발견되기만을 기다리는 어떤 가능성, 힘의 상징에 지나지 않을지도 모른다.

무수한 이야기 속의 영웅들도 경험 그 자체로 삶을 바꾸지는 못했다. 모험을 완성하려면 귀환 이후 환멸스러운 일상에 직면하고도 스스로를 잃지 않을 수 있는 무언가가 있어야 했다. 무엇을 체험하고 돌아왔는지를 알지 못한다면 모험은 일장춘몽으로 끝나버리기 십상이었다.

집에 돌아온 뒤의 나는 떠나기 전과 별로 달라지지 않았다. 여전히 서툴고 성마르며 곧잘 불안해한다. 실컷 나아졌다고 생각한 바로 다음 순간, 아주 사소한 좌절에도 마음은 고질적인 절망의 늪으로 곤두박질치듯 되돌아가곤 했다. 오래된 마음의 습관에서 빠져나오는 변화란 순식간에 일어나지 않는 모양이다. 중요한 것은 물러서지 않겠다는 의지였다. 스스로에게 실망스러울 때마다 나는 카미노를 걷던 일을 마음속에 선명한 이미지로 떠올려보려고 노력한다. 거기선 내가 얼마나 나 자신을 마음에 들어했는지를 스스로에게 상기시키려고 애를 쓴다.

이를테면 카미노에서 앞이 안 보일 정도로 비바람이 불던 날 한 걸음씩 발을 떼려 애쓰던 장면, 얼마가 걸렸든 비바람이 몰아치던 길을 걷고 난 뒤 저녁에 느꼈던 포만감을 떠올린다. 상실감에 다시 무릎이 푹푹 꺾일 때면 크루스 데 페로를 웃으며 거니는 남동생을 상상한다. 작은 일에 쉽게 감동하고 태평스러웠던 스스로를 되살리려 노력한다. 드러난 겉모습에 얽매이지 않으며, 남에게 나를 어떻게 설명할까 대신 나 자신에게 어떤 이야기를 들려주고 싶은지 생각하려 애를 쓴다. 물론 그 모든 시도가 늘 성공적이진 않다. 그러나 적어도 카미노는 내게 일상의 사소한 어려움에 대처하는 방법을 알려주는 상징, 때로는 내가 되고 싶은 모습을 알려주는 작은 단서가 되었다.

앞날을 알 수 없는 상태로 살아가는 일을 미궁에 비유한다면, 카미노의 경험은 그리스 신화에 나오는 아리아드네의 실타래에 빗댈 수 있을 것 같다. 미궁에 들어가야만 하는 운명에 처한 테세우스는 미노스 왕의 딸 아리아드네가 건네준 실타래의 한쪽 끝을 미궁의 입구에 매어놓은 채 들어갔고 그 덕분에 살아서 돌아 나올 수 있었다. 살기 위해 필요한 게 겨우 실타래라니. 얼마나 하찮은 물건인가. 동시에 또 얼마나 소중한 물건인가.

카미노에서 겪은 일들, 내가 길과 사람들로부터 받았다고 생각하는 선물, 가끔씩 확인하곤 즐거워하는 사소한 변화, 그 모든 것들 역시 하찮기 짝이 없지만 동시에 내게는 이루 말할 수 없이 소중하다. 그 길었던 길을 실타래처럼 말아 가슴에 품고, 덧없으면서도 소중한 길을 기꺼이 가볼 마음이 생겼다.

나의 산티아고,
혼자이면서 함께 걷는 길

첫판 1쇄 펴낸날 2009년 5월 15일
14쇄 펴낸날 2023년 6월 22일

지은이 김희경
발행인 김혜경
편집인 김수진
편집기획 김교석 조한나 유승연 김유진 곽세라 전하연
디자인 한승연 성윤정
경영지원국 안정숙
마케팅 문창운 백윤진 박희원
회계 임옥희 양여진 김주연

펴낸곳 (주)도서출판 푸른숲
출판등록 2003년 12월 17일 제2003-000032호
주소 서울특별시 마포구 토정로 35-1 2층 우편번호 04083
전화 02)6392-7871,2(마케팅부), 02)6392-7873(편집부)
팩스 02)6392-7875
홈페이지 www.prunsoop.co.kr
페이스북 www.facebook.com/prunsoop　**인스타그램** @prunsoop

ⓒ푸른숲, 2009
ISBN 978-89-7184-812-8 (03810)

* 이 책은 저작권법에 의해 한국 내에서 보호를 받는 저작물이므로
  무단 전재와 복제를 금합니다. 이 책 내용의 전부 또는 일부를 사용하려면
  반드시 저작권자와 (주)도서출판 푸른숲의 동의를 받아야 합니다.
* 잘못된 책은 구입하신 서점에서 바꾸어 드립니다.
* 본서의 반품 기한은 2028년 6월 30일까지입니다.